Kleine Länder am großen Himalaya

Eine Reise nach Nepal, Bhutan, Indien (Sikkim und Darjeeling)

Sylvia Deuse

Text: © Sylvia Deuse

Umschlaggestaltung: © Sylvia Deuse

Titelfoto: Hans Messarosch

Fotos (wenn nicht anders angegeben): Sylvia Deuse

ISBN: 9798632533904

Inhalt

Inhalt 3

Kleine Länder am großen Himalaya 7

Eine Reise nach Nepal – Bhutan – Indiens Sikkim und
Darjeeling 7

   Abflug nach Kathmandu 12

Nepal 16

   Kathmandu 16

      Sightseeing 22

         Buddhistischer Stupa Monkey hill 24

         Patan 26

         Pashupatinath 28

         Bodnath 31

         Ein Abend in Thamel 33

   Bhaktapur 34

   Dhulikhel 36

   Back in town – Kathmandu (Thamel) 43

   Pokhara 44

      Phewa-See 48

      Nur Fliegen ist schöner … 50

   Von Pokhara nach Kathmandu 65

   Bodnath 67

Bhutan 71

Thimphu 77

    Folk Heritage Museum................................ 78

    Nationalsport Bogenschießen 79

    Buddhapoint 83

    Wangditse Hike 84

    Changangkha Kloster.................................. 86

    Kunstakademie... 86

    Das Thimphu Dzong 88

  Das Königshaus Wangchuck........................ 90

  Bhutans Werdegang 95

Von Thimphu nach Punakha 96

  Punakha Dzong... 98

  Chimi-Lhakang 99

  Verwöhnen im Bhutan-Style 99

Von Punakha nach Paro.................................. 102

  Paro Dzong.. 104

  Touristen-„Wohnsitz" 107

Glück ist Glückssache - Auf den Spuren des
Bruttonationalglücks 111

  Der Fernsehsender ‚arte' drehte ein Jahr lang in
  Bhutan und berichtet:.................................. 111

  Auf Glückssuche in Bhutan 113

  Bhutan - Das vermeintliche Paradies.................. 117

  Ratan Gazmere von Tourism Watch der
  Organisation, Brot für die Welt' 117

Ethnische Säuberung im Land des Glücks 119

Haa-Tal 123

Tigernest -Taktsang-Kloster 125

Kyichu Lhakhang 130

Fünf Positionen Buddhas 131

Buddha Shakyamuni 131

Buddha Amithaba 132

Buddha Maytreya 132

Buddha Amitayus 132

Buddha Sangye Menlha 132

Von Bhutan nach Indien 134

Indien 137

Sikkim 143

Gangtok 144

Geschichte Sikkims 147

Ausflug zum View Point 149

Gangtok - Ravangla 151

Ravangla 151

Buddhas Leben 155

Die vier edlen Wahrheiten 157

Der Edle Achtfache Pfad 158

Buddhapark 161

Ausflug nach Tashiding und Pelling 168

Fahrt nach Darjeeling 172

Darjeeling 173

   Teeproduktion 178

   Zoo 181

   Im Falkennest 183

Fahrt in die heiße Tiefebene nach Siliguri 186

Eine Nacht in Siliguri 190

Mumbai 193

Von Sylvia Deuse sind bisher erschienen: 203

   Mehr Informationen über die Autorin 206

Kleine Länder am großen Himalaya

Eine Reise nach Nepal – Bhutan – Indiens Sikkim und Darjeeling

Seit 30 Jahren ist es mein Traum, einmal im Leben Bhutan zu besuchen. Es ist für mich der Inbegriff eines buddhistischen Landes und reizt mich wohl schon deshalb, von den landschaftlichen Schönheiten einmal ganz abgesehen. Was für einen Katholiken eine Reise nach Rom ist, ist für einen Buddhisten eine Reise nach Bhutan. Und einmal dem Himalaya nahe sein! Träume muss man leben und zwar eben solange man noch kann!

Die Vorbereitungsphase gestaltet sich schon sehr spannend!

Wir wissen zwei Dinge sicher: Wir wollen nach Bhutan und wir brauchen einen Hin- und Rückflug.

Direkt nach Bhutan kann man weder von Deutschland noch von Spanien aus fliegen (letzteres ist unser Winterdomizil), also kommen die Nachbarländer Indien oder Nepal infrage. Delhi streichen wir, denn der Flughafen ist sehr chaotisch, wie auch die ganze Stadt. Wir entscheiden uns für Nepal. Es ist so, dass man in Bhutan nicht einfach selbst herumreisen darf, sondern einen Führer braucht.

Der Tagespreis für alles inklusive ist 200 bis 250 $. Von daher schränkt sich für uns die Aufenthaltsdauer schon ein wenig ein. Üblicherweise reisen wir auf eigene Faust darauf los und bleiben solange an einem Ort wie es uns gefällt. Hier geht das nicht. Schon deshalb wollen wir den langen Flug auch nützen, um mehr von der Himalayagegend kennenzulernen.

Wir buchen einen Hinflug von Malaga über Istanbul nach Kathmandu, Nepal und zurück über Mumbai, Indien. Wir denken, wir handeln klug, zuerst Flüge zu haben, bevor man sich Visa besorgt. Um das Bhutan-Visum kümmert sich die Reiseagentur, über die wir gebucht haben, aber wir brauchen vorab ein Indien-Visum, das es im Gegensatz zum Nepal-Visum nicht bei Einreise gibt. Es gibt zwar für Indien auch E-Visa, aber nicht für den Grenzübergang, an dem wir von Bhutan aus einreisen werden. Wir benötigen ein konventionelles, eingestempeltes Visum.

Wir waren schon öfter in Indien und erhielten über das Konsulat in München innerhalb von ein paar Tagen ein Touristenvisum für sechs Monate. Das war nicht ganz billig mit etwa 60 Dollar, aber recht unkompliziert zu erhalten, zumal wir es selbst in München abholen konnten. Jetzt kann man Visa nur noch über eine Agentur bekommen, die telefonisch so gut wie nicht zu erreichen ist. Das Visum selbst kostet 95 €, aber die Agentur kassiert ihre Gebühren und mit Versand sind wir bei 135 €. Allerdings werden die Visa nicht nach Spanien geschickt. In Spanien können wir es auch nicht beantragen, da wir ja keine Residente sind. Was jetzt? Wir haben eigentlich schon jetzt keine Lust mehr, nach Indien zu reisen, obwohl wir uns auf Darjeeling und Sikkim schon sehr gefreut haben. Es sollen landschaftliche Juwele sein, so nah an den höchsten Bergen der Welt und mit den herrlichen Teeanbaugebieten!

Da wir unsere Priorität auf die Flüge gesetzt haben, bleibt uns nichts anderes mehr übrig, als ein Indien-Visum zu beantragen! Wir lassen uns darauf ein und schicken unsere Pässe zur Agentur. Hans' Schwester erklärt sich bereit, die Post für uns anzunehmen. Wir können die Schwester als Adressat angeben, sagte man Hans am Telefon. Es müsse nur eine deutsche Adresse sein. Also geben wir ihre Adresse an für die Zusendung. Natürlich hat sie einen anderen Namen als mein Mann und ich.

Das Ausfüllen des Antragsformulars geht nur online und wird direkt übermittelt. Beim Punkt „bisherige Reisen nach Indien" geraten wir ins Stocken, weil das System nur weiter arbeitet, wenn man die bisherigen Reisen mit Visanummern belegt. Das können wir nicht, weil wir die alten Pässe gar nicht mehr haben. Bleibt uns nur die Lüge: wir waren noch nie in Indien. Das funktioniert. Einmal abgeschlossen, kann man auch gar nichts mehr ändern. Sollte man sich irgendwo vertippt haben – Pech gehabt!

Hoffentlich geht das gut! Wir haben ja als Kinder gelernt: ehrlich währt am längsten.

Nach einer Woche wird der Empfang bestätigt. Zusätzlich erscheint der Vermerk, dass es MINDESTENS zwei bis drei Wochen dauern könne. Uff! Wir reisen ja schon einen Monat vor Einreise nach Indien von zuhause ab und das sollte möglichst mit unseren Pässen geschehen. Ich maile der Agentur – ob das ankommt oder gelesen wird ist zweifelhaft – dass wir die Pässe allerspätestens bis Mitte März brauchen.

Wir hoffen! Wir bangen und beten! Unser Glauben, unser Vertrauen und unsere Geduld werden auf eine harte Probe gestellt. Auch Hans'Schwester ist mit den Nerven am Ende, denn uns bzw. ihr wird immer wieder ein neues Datum genannt, für das sie dann alle anderen Termine sausen lässt, um auf den Postboten zu warten. Man weiß ja, dass die Zustelldienste überlastet sind. Man hat die Pässe an meinen Namen adressiert, statt an die angegebene Adresse mit dem Namen der Schwägerin. Da ich dort aber nicht zur Untermiete wohne, gibt es mich dort nicht. Sie solle halt ein Namensschildchen mit meinem Namen anbringen, meint der Mitarbeiter am Telefon, dem ich schon auf die Nerven gehe, weil ich ständig anrufe. Das war, als man meine Anrufe nach langer Warteschleife noch entgegennahm. Schließlich kommt die Sendung, aber es ist nur ein Pass enthalten. Mit dem zweiten wertvollen Stück verläuft es nicht weniger abenteuerlich und spannend.

Die gleiche Nervenprüfung erleben wir dann noch einmal, bis die extrateure und wertvolle Sendung für 52 €, die innerhalb von 48 Stunden zugestellt sein soll, bei uns in Spanien ankommt. Täglich rief ich die DHL in Spanien an, obwohl ich diese Ansageautomaten schon auf Deutsch wie die Pest hasse. „Drücken Sie die 1, drücken Sie die 3 …" Bis ich die Ansagen auf Spanisch verstanden und geistig verarbeitet habe, sind die Texte durch und ich habe den Anfang fast schon wieder vergessen. Ganz so schlimm steht es nicht um mich, aber mein Einsatz ist gefordert. Hans malt sich, nachts wach liegend, schon aus, dass die Pässe verloren, verkauft oder irgendwie verschwunden sein könnten.

Die Sendung ist trotz immenser Gebühr und Zusicherung nicht zwei, sondern satte fünf Tage unterwegs. Zwei Tage vor Abflug halten wir schließlich beide Pässe mit Visum in den Händen!

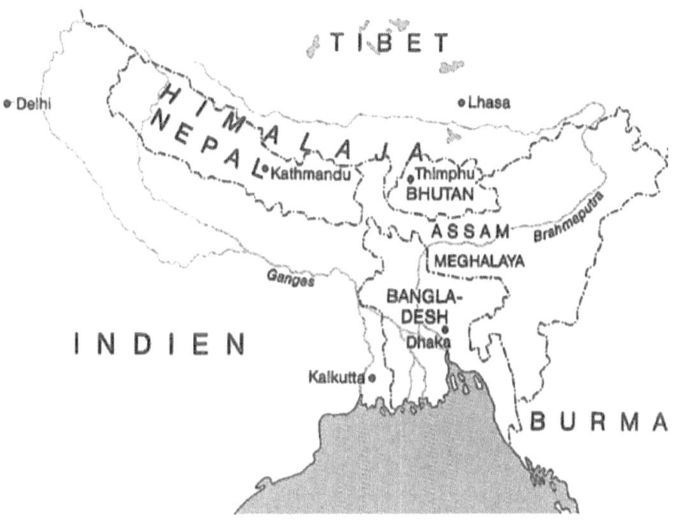

Kleine Länder am großen Himalaya

Abflug nach Kathmandu

Wir haben die kürzeste Verbindung ausgewählt: Von Malaga über Istanbul in 12 ½ Stunden nach Kathmandu. Das schlägt alle anderen Verbindungen auch von München aus. Und günstiger ist die Turkish Airways auch noch!

Der Preis dafür ist eine ziemlich kurze Umsteigezeit in Istanbul mit einer Stunde 15 Minuten. Da darf es keine Verspätung geben! Deshalb geht es mir auch in der letzten Nacht vor Abflug ständig durch den Kopf, ob wir das schaffen. Wir kennen den Istanbuler Atatürk-Flughafen nicht und wissen nicht, wie weit die Wege zum Umsteigen sein werden. Ich bitte meine geistigen Helfer um Unterstützung.

Wir haben bis 14 Uhr Zeit, alles im Haus gemütlich zu erledigen, die letzten Dinge zu packen und dann geht's los Richtung Malaga zum Flughafen-Parking, das Hans gebucht hat. Auch das klappt perfekt und im Zeitplan. Wir hoffen nun sehr, dass unsere Maschine pünktlich abfliegt. Angekommen ist sie immerhin zur rechten Zeit. Sie hat nicht viel Aufenthalt in Malaga. Das Boarden geht zügig vonstatten. Allerdings erwischt Hans eine Dame des Bodenpersonals beim Boarden, die darauf drängt, dass er ein Visum für Nepal haben müsse. Das ist nicht eingestempelt, weil es dieses ‚on arrival' gibt. Das glaubt sie weder Hans noch ihrem Kollegen. Endlich hat auch sie herausgefunden, was Hans schon wusste und lässt ihn passieren. Ich war beim Kollegen und der war besser informiert. Wir starten mit einer rammelvollen Maschine in Richtung Istanbul. Viele Frauen mit Kopftuch zeigen uns, dass wir in ein moslemisches Land fliegen. Auch jetzt sind wir noch perfekt im Zeitplan. Die Flugdauer liegt knapp unter vier Stunden.

Wir sehen die Lichter Istanbul bereits – herrlich mit einem noch ziemlich vollen Mond. Aber, was nun? Unsere Maschine fliegt wieder von Istanbul weg – statt 15 km sind es plötzlich wieder 50 km. Sie muss eine Ehrenrunde drehen, bis sie die Landeerlaubnis bekommt. Zum Glück bleibt es bei dieser einen Runde. Sie kostet uns aber gute 15 Minuten. Hans sieht jede halbe Minute auf die Uhr. Aber es geht trotzdem nicht schneller! Ich bin nun voll in der geistigen Welt und bitte Buddha, Sai Baba und alle sonstigen Erleuchteten uns rechtzeitig zum Anschlussflug gelangen zu lassen.

Wir drängen hinaus aus dem Flugzeug, Hans rennt mit wehenden Fahnen voraus. Ich hechle unter aller Kraftaufbietung hinterher. Zum Glück ist der Flughafen noch nicht umgezogen, das wurde auf den 6. April verschoben. Wer weiß, was dann alles schiefgelaufen wäre und wie weit die Wege dann wären. So haben wir Glück, dass wir bald das richtige Gate erreichen. Eine nette Flughafenangestellte weist uns daraufhin, dass es auch Rolltreppen gäbe und wir müssten nicht auf den Lift warten. Wohin wir den wollten? „Nach Kathmandu!“ „Das geht klar, gar kein Problem! Das ist mein Gate!“ Wir folgen ihr und stoßen auf eine lange Schlange vor dem Eincheckschalter. Wir sind dabei! (Danke Buddha, Sai Baba oder wer auch immer!)

Hier im großen Airbus 320-300 hat man schon mehr Raum als in der Boing 737, in der zwei Dreierreihen mit schwitzenden und stinkenden Menschen vollgepfercht waren. Zum Glück flogen wir mit den älteren Modellen dieser Baureihe, denn zwei neue 737max sind wegen eines Softwarefehlers erst kürzlich abgestürzt.

Wir haben unseren Zweiersitz auf der linken Flugzeugseite – von hier soll man den Himalaya beim Anflug am besten sehen. Nur fliegt das Flugzeug nicht ab. Es gibt keine Durchsage, nichts. Wir sitzen und warten. Bei dem Glück, dass wir überhaupt hier drin sitzen, beklage ich mich gar nicht, dass sich das Fluggerät nicht in Bewegung setzt. Mit 45 Minuten Verspätung starten wir. Somit hätten wir den Flug auch mit mehreren Ehrenrunden noch erreicht. aber das weiß man halt leider nicht.

Endlich fliegen wir. Aber kurz nach dem arabischen Golf dreht die Maschine nach Süden ab. Die Route ist aber deutlich und gerade nach Osten eingezeichnet. Wir fliegen und fliegen in die falsche Richtung. Sie fliegt bis hinüber bzw. hinunter nach Mumbai und ändert dann erst den Kurs wieder auf Kathmandu. Der Pilot hält es wieder nicht für nötig, die Passagiere zu informieren. Wir fliegen einen gehörigen Umweg durch ein Gewitter. Ich müsste aufs Klo und darf nicht aufstehen, weil die Maschine so wackelt. Das ‚fasten seatbelt‘-Zeichen erlischt gar nicht mehr und ich schmuggle mich in einer ruhigeren Phase schnell ins Kabuff. Später frage ich eine Stewardess, warum wir so einen Umweg fliegen mussten, der uns eine ganze Stunde Zeit gekostet hat. Das liege an dem Krisengebiet über Pakistan, das zu unserer Sicherheit umgangen werden musste. „Nice to know!“, bedanke ich mich. Es lag also tatsächlich nicht an dem schlechten Wetter.

Das Wetter war auch beim Anflug auf Kathmandu nicht so strahlend, sodass man die Berge des Himalaya in den vier Ehrenrunden zwar immer wieder sehen konnte, aber eben nicht in vollem Glanze und schon gar nicht auf der linken Breitseite, weil wir uns dem mächtigen Gebirge nun frontal nähern. Wir dürfen auch hier nicht sofort landen, (daher die Ehrenrunden) was eine weitere Verspätung von 30 Minuten zur Folge hat.

Schließlich sind wir aber in Nepal. Die Visaformalitäten gehen zügig, da Hans schon online alles ausgefüllt und ausgedruckt bzw. die Pässe kopiert hatte. Wir zahlen 40 $, weil wir statt 15 Tagen, die 25 $ kosten würden, 16 Tage im Lande sein werden. Das lag am Flugplan von DrukAir nach Bhutan. Wir werden abgeholt und unser Fahrer hatte drei Stunden gewartet. Ich hatte gehofft, dass er sich noch im Internet informiert, ob die Maschine planmäßig kommt. Hat er nicht. Wir sind schließlich in Asien. Da spielt Zeit nicht die große Rolle wie bei uns!

Nepal

Kathmandu

Der Verkehr ist immens, der Smog, wie im Reiseführer erwähnt, enorm. Wir kommen auf der Fahrt vom Flughafen am bedeutenden hinduistischen Tempel Pashupatinath vorbei, der vom Erdbeben 2015 sehr stark in Mitleidenschaft gezogen wurde. Hier wurden früher auch die Leichen der königlichen Familie verbrannt.

Unser Hotel Taleju Boutique Hotel liegt im Touristenviertel Thamel und ist mit seinem hübschen Garten eine Oase der Ruhe inmitten des quirligen Gebiets mit vielen engen Gassen und massenhaft Moped- und Autoverkehr. Unser Zimmer ist sehr hübsch und geräumig und hat Blick auf den Garten. Man ist bei Empfang sehr freundlich und bietet uns jede denkbare Hilfe an. Ein junger Mann ist anscheinend für die Tourbuchungen zuständig und ist nicht so sehr erfreut, dass wir nicht hier und gleich die nächsten Tage mit Führer und Taxi verplanen möchten. Wir wollen erst einmal ankommen und ein wenig ausruhen nach dem langen und überwiegend schlaflosen Flug.

Als wir nach unserer Siesta wieder herunterkommen und ich nach einem Plan frage, in dem man bitte unseren Standort einzeichnen möge, erhalten wir vom Tourismusverantwortlichen zur Antwort: „Das könnt Ihr doch in Eurem Guidebook markieren." Ein Mann, den ich für einen Gast halte, bietet uns seinen Plan an. Daraufhin holen gleich zwei der überaus freundlichen Boys einen großen Ortsplan herbei. Der für Tourismus Zuständige erklärt uns, dass wir um 16 Uhr die lebende Göttin sehen könnten. „Eine lebende Göttin?", frage ich nach. „Was ist das?" Das solle ich im Reiseführer nachlesen, meint er ziemlich schnippisch. Was hat er nur mit dem Reiseführer? Ich glaube, Hans hat bei Ankunft einmal erwähnt, dass er dies oder das oder jenen Namen schon im Reiseführer gelesen habe. Hätte der junge Mann den Namen Kumari erwähnt, dann hätte es bei mir geklingelt. Darüber berichtet in der Tat unser Reiseführer. Aber zu ihr werden wir erst morgen kommen.

Nun treibt es uns hinaus ins quirlige Geschehen. Der nette Mann mit dem Plan führt uns hinein, denn wir brauchen als erstes eine Gesichtsmaske gegen die im wahrsten Wortsinne „atemberaubende" Luft. Ich möchte nicht gleich mit Bronchitis ausgebremst werden. Unser kurzzeitiger französischer Führer lebt hier und hilft tibetanischen Kindern, aber er arbeitet hier nicht. Er habe wohl Geld von zuhause mitgebracht? Das ist vielleicht ein bisschen indiskret. Er tausche aber hier immer Cash, erklärt er uns, als wir von der ATM abheben und 2 % Gebühr fällig ist. 25.000 Rupien (etwa 190 €) sind der Höchstbetrag.

Nun laufen wir mit Atemmasken durch die Gassen, wie so viele hier. Es gibt unendlich viel zu sehen. Unzählige Shops mit den herrlichsten Kunsthandwerksartikeln. Pashminas, Wandteppiche, Klangschalen, Holzgeschnitztes, Besticktes, Bemaltes in unendlicher Vielfalt. Es ist ein Paradies für mich! Hans bleibt geduldig stehen, wenn ich wieder Farben und Formen von textilem Kunsthandwerk bewundere. Die Klangschalen haben es mir auch angetan.

Der Verkäufer bringt eine große Schale für mich zum Klingen und sie singt tatsächlich oooooommmmmmm! Einen Preis will er mir nicht nennen, da ich schon vorsorglich angekündigt habe, jetzt noch nicht kaufen zu können. „I will make you a good price …" Er gibt mir nicht den kleinsten Anhaltspunkt, was so eine goldglänzende Messingschale kosten könnte. „100 Rupies?", meine ich schelmisch grinsend. „Give you a good price", wiederholt er nur. Sie kommt aber leider auch später aus Gewichtsgründen nicht in Frage. Sie ist höllisch schwer.

An einer Ecke lese ich: „SIM-Cards". Nichts wie hin! Falls wir in Gebiete kommen, die nicht so gut mit W-LAN bestückt sind, ist man froh, wenn man sein eigenes Internet hat. Telefonieren kann man damit natürlich auch. Die Netzabdeckung dieses Anbieters soll die beste und überragend in ganz Nepal sein. 2,8 GB und eine Stunde Telefon sollten wohl genügen für unsere 16 Tage. 1400 Rupies mit SIM-Card (etwa 12 €) Der junge Mann fummelt die Sim-Card in Hans' Handy, schaltet sie frei und macht einen Testanruf. Perfekt!

Es kann weitergehen im Touristen-Shopping-Nirwana. Ich halte mich zurück, da wir noch einmal hierherkommen und vorerst unser Gepäck nicht belasten müssen. Die hübschen Sachen anzusehen, macht mir auch schon große Freude. Eine Dachterrasse lädt uns ein, die Szene von oben aus zu betrachten. Ein Bier zur Ankunft und zur Feier des Tages ist jetzt fällig. Schließlich wollte ich ja seit 35 Jahren nach Nepal (und Bhutan) reisen. Auch wenn das Thema Trekking für uns beide aus gesundheitlichen Gründen abgehakt ist, bin ich doch sehr glücklich, hier zu sein. Herrlich, das Geschehen von hier oben zu beobachten. Unsere Unterkunft ist perfekt gelegen, denn wir sind nur ein paar Schritte vom Geschehen entfernt.

Auf dem Rückweg zum Hotel kehren wir in einem gemütlichen Gartenrestaurant ein. Entspannende Musik, ein grünes Ambiente und ‚Happy hour' für San Miguel Bier (unsere Lieblingsmarke in Spanien) lassen uns nicht lange zögern. Es gibt auch indisches Essen, was unsere Entscheidung zusätzlich leicht macht, hier einzukehren. Es duftet verführerisch. Wie ich das liebe! Diese herrlichen indisch-nepalesischen Gewürze! Eine Intuition lässt mich einen überdachten Tisch wählen und siehe da, während wir essen, fängt es an zu regnen. Es ist jetzt keine Regenzeit, aber das weiß der Kathmandu-Himmel vielleicht nicht.

Bei Rückkehr ins Hotel wollen wir zum Leidwesen des Tourismus-Agenten immer noch keine Tour buchen. „Es gibt auch deutschsprachige Führer!“, ruft er uns nun restlos Übermüdeten noch nach. Erst mal schlafen! Im hoteleigenen Restaurant ist noch Betrieb, aber um 22 Uhr ist alles weitestgehend ruhig. Wir legen vorsichtshalber Ohrstöpsel bereit. Zu Recht, wie sich herausstellt, denn das Haus ist sehr hellhörig und man hört alle Türen von heimkehrenden Hausgästen, Stühlerücken, Wasserrauschen etc. Als alles von Menschen Stammende ruhig ist, melden sich die Hunde.

Das Frühstück ist vielseitig und wird in Büffetform angeboten. Eine nette junge Frau lädt uns ein, sich an ihren Tisch zu setzen, da im Garten sonst keiner mehr frei ist. Sie kommt gerade von einer zehntägigen Schweigemeditation in den Bergen. Eine Französin ohne französischen

Akzent, die fünf Jahre in London gelebt hat und ihren Lebensunterhalt als Yogalehrerin bestreitet.

Unser Tourismusagent erklärt uns unser heutiges Tagesprogramm und meint, man könne in 25 Minuten locker zu Fuß zum Durban Square in der Altstadt laufen. Nein, nein, ein Taxi brauche man nicht. Ich schon, denn auf Asphalt zu laufen, macht mich schon vor den ganzen Besichtigungen unnötig müde, von der schlechten Luft einmal ganz abgesehen. Als wir ums Eck sind, schnappen wir uns eines der vielen Taxis, handeln von 400 auf 300 Rupies herunter und lassen uns in den dichten Verkehr (er ist überall hier dicht!) chauffieren.

Die Altstadt kostet 1000 Rupies (ca. neun Euros) Eintritt. Damit will man auch den Wiederaufbau finanzieren. Hier hat das Erdbeben von 2015 sehr viel zerstört und obwohl man bienenfleißig am Wiederaufbauen ist, könnte ich nur weinen, wieviel von den wunderschönen alten Bauwerken mit Holzschnitzereien zerstört worden ist. Zum Glück ist auch einiges erhalten geblieben wie z. B. der Kumari-Palast. Hier zeigt sich um elf Uhr die lebende Göttin Kumari. Wir sind zur passenden Zeit da und eine kindlich junge Frau (Kumari muss Jungfrau sein) zeigt sich für ein paar Sekunden am Fenster im ersten Stock. Westliche Touristen haben keinen Zugang zu diesen Räumen. Kumari darf nicht fotografiert werden. Das ist nur zu Festtagen erlaubt, wenn sie sich besonders geschmückt hat. Der Legende nach, soll man bei ihrem Anblick Antwort auf unausgesprochene Fragen bekommen.

Dieser Durbar Square in der Altstadt ist sehr bedrückend, weil so viele historische Bauwerke zerstört darnieder liegen. Haufen von Ziegelsteinen hat man schon aufgeschichtet, um sie eines Tages wieder zur ursprünglichen Form zusammenzufügen. Männer laden sich verbogene Blechteile oder Säcke voll Schutt auf den Kopf um sie abzutransportieren. Wer weiß, wie weit sie die Lasten schleppen müssen. Ladung für Ladung zerstörtes Kulturgut. Überall sieht man Gerüste. So viele Hände gibt es gar nicht, um das alles in überschaubarer Zeit wieder aufzubauen. Obwohl man auch feststellen kann, dass einige Tempel und andere Gebäude bereits wiederhergestellt sind.

Von einer Dachterrasse aus können wir den Platz gut überblicken. Und wie herrlich – wir sehen zum ersten Mal von der Stadt aus die Berge des Himalaya! Hier gibt es leckere Lassis und einen wahrhaft himmlischen Capuccino.

Solchermaßen gestärkt biegen wir in die Freakstreet ein, in der der Tourismus 1960 mit den Hippies begann. Es gab Speisekarten mit Marihuana und Haschisch. Haschischkekse 1,50 Rupies. Damals war es angesagt, dort zu wohnen und entspannt abzuhängen. Heute ist man in Thamel.

Mit einem Taxi lassen wir uns zum Königspalast bringen. Wieder stockender, stinkender Verkehr. Vor dem mehrfach eingezäunten und bewachten Einfahrtsbereich können wir von weitem Palastgebäude sehen, aber nicht betreten. Heute ist kein Besuchstag. Morgen wieder ab 11.30 bis 15 Uhr. Na, dankeschön aber auch. Hat das unser Fahrer nicht gewusst? Für die vereinbarten 300 Rupies will er uns auch keinen Meter weiter fahren zum ‚Garden of Dreams'. Mit Atemschutzmasken bewaffnet begegnen wir dem Hauptstraßenverkehr und finden letztlich auch besagten Garten. Für 200 Rupies Eintritt sieht man einen gepflegten Park mit ein paar schönen alten Bäumen und einem ‚Kaisercafè', das königliche Preise hat. Trotz einsetzendem Regen kehren wir nicht ein, sondern streben als nächstes Ziel unser Hotel an. Sehr weit ist es nicht.

Der Weg führt durch viele enge Gassen, randvoll bestückt mit Souvenirshops, die wir wegen des stärker werdenden Regens aber ignorieren. Wir haben zu tun, den Autos und Mopeds und den größer werdenden Pfützen auszuweichen. Die letzten Meter lassen wir uns mit einer Radlrickscha fahren. Der arme Junge hat die Wegbeschreibung eines Ladenbesitzers nicht verstanden und nennt als Preis prophylaktisch einmal 500 Rupies. Natürlich funktioniert das Spiel nicht mit uns und letztlich zahlen wir 100 Rupies. Kaum auf dem Zimmer, gewittert es auch noch zum Platzregen.

Eine Siesta kann nicht schaden und zu schreiben gibt es auch schon allerhand.

Sightseeing

Ein Tourist hat es nicht leicht. Wir haben einen kompletten Arbeitstag vor uns. Über unser Hotel haben wir (endlich!) eine Tour gebucht. Sie umfasst Sehenswürdigkeiten rund um und in Kathmandu. Nach einigem Zögern ließen wir uns darauf ein, auch einen Führer mit zu buchen. Die Tour 45 $ und der Führer 30 $. Entsprechend Tageskurs wären das 8.300 Rupies. Ich handle sie bei Barzahlung auf 8.000 Rupies herunter.

Wir haben das Fahrzeug um 8.30 Uhr bestellt. Auf dem Programm stehen

1. Der Monkey hill, buddhistischer Stupa
2. Patan, hinduistisches UNESCO Weltkulturerbe
3. Pashupatinath, hinduistischer Verbrennungsort für Verstorbene
4. Weltgrößter buddhistischer Stupa in Bodnath

Wir erbaten uns ausdrücklichen einen Führer, der sehr gut englisch spricht. „Natürlich, nur lizensierte Guides mit sehr guten Englischkentnissen!"

Der Guide ist schon da und ist ziemlich jung. Er macht zunächst keinen besonders beflissenen Eindruck. Er stellt sich als Randsom vor, fragt aber nicht nach unseren Namen. Der Fahrer kommt mit einem modernen Fahrzeug, einem Nissan.

Der Stadtverkehr ist nervig wie immer. Immer Stau, immer Gestank, immer tausende von Mopeds, die kreuz und quer fahren und den Polizisten, der den Verkehr regeln soll, komplett ignorieren. Ich habe bisher noch keine einzige Ampel gesehen. Immer gibt es zu wenig Platz in oftmals einspurigen Straßen, die eigentlich nur Einbahnstraßen sein dürften. Aber irgendwie kommen immer alle aneinander vorbei und miteinander aus und ich habe nie gesehen, dass einer gestreift hätte, angefahren worden wäre oder es einen Unfall gegeben hätte. Ich wäre hier nie und nimmer fähig, selbst ein Auto zu steuern. Ohnehin muss man immer befürchten, einen Erstickungstod zu erleiden. Wir sitzen selbst im klimatisierten Auto mit Mundschutz.

Buddhistischer Stupa Monkey hill

Aussteigen für den Monkeyhill. Der Fuß des Hills ist bestückt mit Devotionalienverkäufern, die ein lohnendes Fotomotiv abgeben würden. Als Entschädigung dafür müssen wir nicht die 365 Treppen hinaufsteigen – eine für jeden Tag. Solange hätten wir aber nicht Zeit! So kommen wir oben an und entdecken die agilen Tierchen, die dem Hügel seinen Namen gegeben haben. Makaken springen fröhlich herum und werden hier gefüttert. Man kann extra ‚Monkeyfood‘ kaufen. Im Eingangsbereich ist ein großer künstlicher Teich, in dessen Mitte ein Buddha mit Kobra sitzt. Ursprünglich soll an diesem Platz, wenn man der Legende glauben darf, ein riesiger See gewesen sein, in dessen Mitte eine Lotosblume wuchs und ein blaues Licht aus der Tiefe leuchtete. Genau hier hat man den weißen Stupa gebaut. Der See ist eine Nachbildung. In einen Korb vor dem goldenen Buddha kann man Ein-Rupie-Münzen werfen. Wenn man trifft, geht der entsprechende Wunsch in Erfüllung. Eine Frau hat eine Bedarfslücke entdeckt, sitzt vor einem riesigen Berg von Ein-Rupie-Münzen und tauscht jedermann. Hans und ich haben jeweils fünf Würfe. Einmal streife ich symbolisch das Glück, d. h. den Korb.

Von hier oben hat man einen guten Blick auf die Stadt und nachdem es gestern viel geregnet hat, ist die Luft relativ klar und wir erblicken sogar schneebedeckte Berge. Es sind nicht Mount Everest und Co. Aber auch 7.000er geben eine gute Kulisse ab. Frauen halten ein Feuer am Brennen, nehmen Flammen ab und Räucherstäbchen auf.

Ich komme nicht dahinter, warum genau die Frauen diese Handlung mit dem Feuer machen. Dafür haben wir doch unseren Führer. Nun stellt sich heraus, dass das Englisch unseres Führers nicht wirklich hilfreich ist! Ich habe große Mühe, ihn zu verstehen. Er ist wahrscheinlich so selbstbewusst zu glauben, dass wir es sind, die so schlecht englisch können! Bei den Feuerprozeduren handelt es sich um ein Ritual, so viel erschließt sich mir auch ohne jegliche Fremdsprachenkenntnisse.

Wir dürfen einen Bereich des Tempels alleine ansehen, sollen aber genau in fünf Minuten wieder da und dort sein. „Wir kommen dann schon, wenn wir das angeschaut haben!" Fotos dürfen wir nach seinem Vortrag machen und eine Unterbrechung durch Fragen hat er gar nicht gern. Wir sind anscheinend nicht sehr führerkompatibel und viel zu rebellisch!

Die Tempelanlage ist herrlich und es gibt so viel zu sehen. Ich steige kurz zu einem Café hoch, das mit Ausblick wirbt. Wirklich schön, aber die steilen Gitterstufen und das niedrige Geländer sind nur geeignet für Schwindelfreie. Ich wusste ja nicht, dass uns unser Randsom auch auf eine Aussichtsplattform führen würde, von der aus man noch einen besseren Blick hat. Um dorthin zu gelangen, durchquert man ein Tangkageschäft. Nach Rückkehr bekommen wir erklärt, welches Kunstwerk ein Schüler, welches ein Meister oder sogar ein Großmeister geschaffen hat. Mir gefällt das Motiv mit dem Leben Buddhas, das kleinste Gemälde auf Baumwollstoff, Kostenpunkt 15 $, das des Großmeisters für 270 $. Ich bekomme hier drinnen Schweißausbrüche, was nicht der einzige Grund ist, ohne Kauf wieder zu gehen. „Wir sind hier kein Markt und Sie sind nicht verpflichtet zu kaufen.", meint die junge Frau.

Viele tibetanische Gebetsfahnen flattern bunt im Wind. Ich kaufe welche, trotz Warnung unseres Guides, dass man hier besser keine Souvenirs kaufe, weil sie alle überteuert seien. Statt der geforderten 100 Rupies zahle ich 50. Das wäre in Ordnung, meint er im nachhinein, oft forderten die Verkäufer 200 Rupies. Später habe ich nie wieder derart preiswerte Gebetsfahnen gefunden.

Die Affen hüpfen überall frisch und freudig herum. Sogar ins Allerheiligste springt einer hinein. Man lacht und jagt den Eindringling, der sicher kein gläubiger Buddhist ist, mit einem Handtuch hinaus.

Patan

Unsere nächste Station ist das hinduistische UNESCO Weltkulturerbe Patan. 45 Minuten Fahrt wird uns angekündigt. Weit ist es nicht, aber der Verkehr stockend wie immer und überall. Patan wurde leider auch vom Erdbeben geschüttelt. Vor diesem starken Beben 2015 gab es das letzte 1934. Damit könnten wir dieses Jahr Glück haben und nicht getroffen werden. Ich gebe zu, dass das sarkastisch und egoistisch klingt angesichts der immensen Schäden und unglaublichen Arbeit, die schon geleistet wurde. Die Bevölkerung hat kräftig mitgeholfen, Teile und Bruchstücke einzusammeln sowie Schutzdächer zu bauen. An vielen ehrwürdigen Bauwerken stehen Gerüste, anderswo stapeln sich Ziegel und warten auf den Wiederaufbau. Die hohen Eintrittspreise sollen auch hier der Rekonstruktion zugute kommen.

Eines hätten wir ohne unseren Guide vermutlich nicht bemerkt: Es gibt eine Stelle für hinduistische Trauungszeremonien. Es findet augenblicklich eine statt. Das ist sehr hübsch anzusehen. Ringsherum ist alles mit Blüten geschmückt und die bunt gekleidete Braut tupft soeben ihrem Bräutigam Farbe auf Stirn und Scheitel. Sie umrundet ihn mehrfach, während der Zeremonienleiter Sprüche murmelt. Alles hat seine bestimmte Reihenfolge und sein festes Ritual. Wenn diese Zeremonie vorbei ist, ist die Eheschließung gültig und man lässt sie im Standesamt (oder etwas ähnlichem) offiziell eintragen. Getrennte kirchliche und zivile Aktionen gibt es im Hinduismus nicht. Unser Führer hat auch so geheiratet, entlocke ich ihm und zwar vor zwei Jahren. Er hat ein Kind von 14 Monaten, ein Söhnchen, von dem er stolz ein Foto auf seinem Handy zeigt. Wenn ich nachrechne, komme ich auf ein nach der Heirat gezeugtes Kind, was seine Aussage bestätigen kann, dass eine Frau jungfräulich in die Ehe zu gehen hat und kein vorehelicher Verkehr offiziell und auch nicht de facto erlaubt ist. Über Sex zu sprechen, wäre auch verboten und sehr sündig. Warum dann Kamasutra-Symbole auf den Tempeln zu sehen seien, will ich wissen; sie sind eindeutig erotisch. Blitz und Donner wollen dann dort nicht hinsehen, weil sie sich schämen und verschonen diesen Tempel.

Der Hauptplatz von Patan ist größer als der gleichnamige ‚Durbar square‘ in Kathmandu und alles wirkt historischer auf mich. Um 13 Uhr werden die Kunst- und Kulturtage eröffnet mit einer Ansprache des Präsidenten. Man hat ein Zelt aufgestellt und geschmückt und viele der Plastikstühle sind schon belegt. Ein Polizei- und Militäraufgebot zeigt, dass hier etwas Besonderes passiert. Wir werden den Präsidenten nicht mehr sehen, es fehlen noch 30 Minuten.

Pashupatinath

Wir fahren weiter nach Pashupatinath, wo die hinduistischen Verbrennungszeremonien stattfinden. Wieder 1000 Rupies Eintritt für jeden. Es ist für hiesige Verhältnisse viel Geld, aber in Anbetracht der immensen Wiederaufbaukosten spenden wir das gerne.

Am Fluss befinden sich quadratische Podeste. An einigen von ihnen raucht es. Hier werden die Leichen verbrannt. Die weiblichen Trauergäste tragen rote Kleidung. Zwei Männer in weißer Kleidung schichten kleine Hölzer von unten nach. Nebenan wird gerade die Verbrennung vorbereitet. Der Leichnam wird oben mit trockenen Palmwedeln abgedeckt, damit sich auch entsprechende Hitze entwickelt. An einem anderen Podest sind Frauen dabei, den mit orangefarbenem Tuch abgedeckten Verstorbenen zu schmücken. Sie dekorieren geduldig und liebevoll orangefarbene Tagetesblüten-Girlanden über den Körper. Sie richten und ordnen, als ob das Leben des Verstorbenen davon abhinge. Im Vorfeld wurde der Leichnam von hinduistischen Priestern, die immer in dunkelrot gekleidet sind, mit heiligem Wasser gewaschen. Ob der ganze Körper wirklich gewaschen wird oder es eine symbolische Waschung ist, konnte ich leider nicht verstehen.

Drei bis vier Stunden nach dem Tod muss sich traditionell der älteste Sohn um die Verbrennung kümmern. Sollte der nicht zur Verfügung stehen, dann trifft es den nächstälteren. Ich frage natürlich nach, was ist, wenn es gar keinen Sohn gibt. Was, wenn es nur eine Tochter gibt? Dann muss es ein Cousin machen, immer also ein männliches Familienmitglied. „Nepal ist ein patriarchalisch orientiertes Land." Uns gegenüber richtet der männliche Verwandte das Holz, die gröberen Stücke und die kleinen Hölzchen zwischendrin. Obendrauf, wie erwähnt, kommen noch trockene Palmwedel. Er muss das Feuer anzünden. Wie mag man sich fühlen, wenn man selbst seinen eigenen Vater anzündet? Wir Westler haben da einen ganz anderen Bezug zum Tod. Wir schieben unseren eigenen von uns weg, als wäre er nicht existent und würde uns niemals treffen. Bei Angehörigen sind wir froh, wenn das Krankenhaus das alles erledigt und der Tote in der Kühlung landet und von dort aus ein Bestattungsunternehmen den Weg zum Grab erledigt. Ich selbst wollte meinen Vater nicht mehr sehen. Schublade auf, raus aus der Kühlung und in ein totes Gesicht blicken. Ich konnte es nicht! Es fehlt bei uns ein Ritual des Abschiednehmens. Die Frauen schmücken den Toten liebevoll mit Blütengirlanden, zupfen an der weißen Totenkleidung herum und nehmen Abschied. Der älteste Sohn oder ersatzweise ein männlicher Verwandter sorgt sich gewissenhaft um das Feuer. Kleinere Holzstäbchen und trockene Palmwedel werden zwischen die größeren Holzstücke geschichtet, damit auch genügend Hitze entsteht und der Leichnam rückstandsfrei zu Asche verbrennt. Mit der Handlung hat er Zeit und Gelegenheit Abschied zu nehmen und dem Toten seine Achtung und Liebe zu bekunden.

Hier beschäftigt man sich sehr direkt mit dem Verstorbenen und er ist ja fast noch warm, wenn ihn das Feuer verbrennt. Vielleicht hängt es auch mit dem Klima zusammen, dass das alles so schnell gehen muss? So ein Leichnam in der Hitze fängt sehr schnell zu stinken an.

Eine Verbrennung wie wir sie hier sehen, kostet 1600 Rupies. Eine etwas aufwändigere, weiter oben am Fluss, soll für 2600 Rupies zu haben sein. Früher war der obere Platz nur Mitgliedern der königlichen Familie vorbehalten. Da Nepal kein Königreich mehr ist, hat sich das erledigt.

Die Asche wird gleich, nachdem der Leichnam komplett verbrannt ist, in den Fluss gekippt. (Das „heilige Wasser" stammt nicht von diesem, sondern von einer Quelle beim Tempel.) In Indien kommt die Asche in eine Urne und diese wird erst nach einem Jahr in den Fluss (am besten in die heiligen Flüsse Ganges oder Brahmaputra) gegeben. Wir trafen einst auf einer Zugfahrt eine Familie, die eine Urne zum Ganges gebracht hatte. Sie hatte dafür zwei Tagesreisen auf sich genommen.

Mir liegt die Frage auf der Zunge, wie das in einem Kriminalfall gehandhabt wird. Kommt in Nepal auch mal eine Leiche in die Pathologie oder muss sie immer sofort verbrannt werden? Unseren Führer kann ich das nicht fragen, denn er versteht mich nicht und ich ihn äußerst schlecht. Wer weiß, ob er das überhaupt wüsste.

Wir sitzen auf Steinstufen in der Sonne und beobachten die Trauerrituale eine Weile. Dann überqueren wir den wenig Wasser führenden Fluss und gelangen zum Tempel. Genauer gesagt, nur bis zum Eingang. Nicht-Hindus oder die so aussehen, dürfen nicht hinein. Dafür haben wir 1000 Rupien berappt! Entrüstet entgegne ich unserem

Führer, dass er als Hinduist selbstverständlich in eine christliche Kirche dürfte. Jeder dürfe dort hinein! „In manche Tempel darf man, in manche nicht!" Was wir von außen sehen, ist der Innenhof und der Tempel selbst, wunderschön und sicher sehr sehenswert. Ich finde das diskriminierend. Was, wenn ich nun Hindu wäre, obwohl ich eine Westlerin bin und auch so aussehe?

Bodnath

Die nächste Station ist wieder buddhistisch und hat einer der größten Stupas der Welt zum Ziel. Sie ist 36 m hoch. Hier kostet der Eintritt nur 400 Rupies „Wann werden wir eine Pause machen?" „Zuerst gehen wir hinein!" Ich bin in einem patriarchalisch orientierten Land und er schleust uns hinein und zeigt uns, wo wir zahlen müssen.

Der weiße Stupa ist wirklich riesengroß. An ihrem oberen Teil blicken Augen in jede Himmelsrichtung. Randsom führt uns schnurstracks in ein Dachterrassenlokal. Von hier haben wir einen wirklich schönen Blick nicht nur auf den Stupa und den kreisförmig angeordneten Platz sondern auch auf Berge, ja sogar eine schneebedeckte Bergkette zeigt sich uns. Getränke und Essen sind touristisch überteuert. Wir nehmen wieder eine Lassi, die aber lange nicht so gut schmeckt, wie die am Durbar Square in Kathmandu und probieren das Nationalgericht Momo. Das sind gefüllte kleine Teigtaschen, die über Dampf gegart werden. Wir versuchen Gemüsefüllung. Dazu reicht man eine scharfe Soße. Randsom, der einen Stock weiter unten isst, meint später, dass es zweierlei Momos gebe: Die für Touristen seien nicht scharf. „Ich esse gerne scharf!", kontere ich.

Unten spielt ein Musikladen ein herrliches Mantra. ‚Om Tari Tuttare …‘ Randsom fragt danach und wusste, dass sie 200 kostet. Plötzlich soll sie 450 kosten. Das Spiel kommt mir von Indien bekannt vor. Wenn man großes Interesse zeigt, verdoppelt sich der Preis schnell. Ich verzichte.

Wir laufen einmal im Uhrzeigersinn um den Stupa und treten dann ins Innere ein. Ein goldener wunderschöner Buddha erstrahlt in ewiger Erhabenheit. Ringsherum schmücken bunte Gemälde die Wände sehr typisch für den tibetischen Buddhismus. Am liebsten möchte ich gar nicht mehr hinaus. Später sollte ich immer wenn ich das Mantra ‚Om Tari Tuttare‘ höre, diesen herrlichen Platz mit der riesigen Stupa vor mir sehen.

„Nun braucht ihr nichts mehr zahlen!“, erklärt uns unser Führer. „Wir sind walking ATM-Machines“, konstatiere ich grinsend. Er übersetzt es gleich dem Fahrer. Die Eintrittsgelder für uns beide lagen heute bei 5.200 Rupies, das sind knapp 50 €, die wir aber gerne für den Wiederaufbau stiften.

Wir fragen den Fahrer, ob er uns morgen nach Dhulikhel fahren wolle und zu welchem Preis. Das könne er nicht sagen, er sei nur der Fahrer vom Hotel. Nun da müssen wir uns anderweitig umsehen.

Wir sind gegen 15.30 Uhr zurück im Hotel und verabschieden uns nur sehr knapp von unserem Führer. Im Hotel begrüßt man uns sehr freundlich und aufmerksam wie immer.

Ein Abend in Thamel

Ein bisschen ausruhen tut gut. Was ist doch Tourist sein für harte Arbeit! Unser netter Ober lacht und meint, das sei wirklich witzig! Er aber war morgens schon im Dienst und ist abends als wir vom Essen zurückkommen, noch immer da. Ich äußere meine Anerkennung für seine Leistung. „Das Hotel ist voll, ich habe den Coffeeshop und Restaurant mit Bar unter mir und das ist eben meine Pflicht!" Er lächelt dabei, als habe er nur von Wohltaten zu berichten.

Heute war den ganzen Tag schönster Sonnenschein und auch abends regnet es nicht, was für unser nettes Gartenlokal vom ersten Abend von Vorteil ist. Hans hat im nächstbesten Reisebüro einen Fahrer organisiert, der uns nach Bhaktapur bringt, dort etwa drei Stunden wartet und uns dann nach Dhulikhel fährt. 5000 Rupies. Das ist es uns wert, denn alles andere wäre umständlich. Wir müssten sonst in Bhaktapur übernachten und dann am übernächsten Tag zusehen wie wir weiterkommen.

Nachdem wir früh vom Essen zurück sind und an Schlafen im betriebsamen Hotel nicht zu denken ist, stürzen wir uns noch einmal auf die Straßen Thamels. Viele Geschäfte haben zwar schon geschlossen, aber es ist noch genug los. Vor allem tönt Live-Musik von den verschiedensten Dachterrassen. Nachdem ich ganz zufällig an einer Yakdecke hängengeblieben bin, die immer günstiger wurde als letztes Geschäft des Tages bevor die Rollos fallen - der Inhaber hatte den Rollohaken schon in der Hand - stapfen wir auf eine Dachterrasse, von der gerade „knock on heavens door" ertönt. Kaum sitzen wir, packt die Band leider zusammen.

Am Nachbartisch sitzt eine Ansammlung von Nutten im Alter zwischen noch dienstfähig und pensioniert. Ein alter Herr kommt zu uns herüber und begrüßt uns so freudig, als wären wir alte Freunde. „Such a nice couple!" Man will uns von allen Seiten fotografieren. Auch ein Mann, der wie ein professioneller Reporter ausgestattet ist, schleicht sich immer wieder an uns heran. „Wir sind nicht prominent!" Das hilft nicht. „Wir sind ikognito hier!" Gut. Allerdings entdecke ich ihn, wie er aus größerer Entfernung das Tele auf uns richtet.

Leider wird nun auf Disco umgestellt. Die Art der Musik wäre zwar für uns erträglich (vielleicht nennt man sie Nepalrock), nicht aber die Lautstärke. Alle „Mädels" außer der Seniorin tanzen.

Bhaktapur

Wenn man bedenkt, dass wir noch vor ein paar Jahren mit Rucksack gereist sind, uns in volle Busse gezwängt und uns stundenlang mit Stopps bei jeder Milchkanne durchschaukeln haben lassen, machen wir jetzt einen immensen Upgrade. Wir haben ein Taxi bestellt, das uns bis Bhaktapur bringt, dort drei Stunden wartet und uns dann in die Berge nach Dhulikhel chauffiert. Egal zu welcher Tageszeit man in Kathmandu fährt, es herrscht immer Stau. Es liegt also nicht daran, dass wir uns verspätet haben. Der Fahrer war pünktlich um neun Uhr da, wir aber nicht. Unser netter Servicechef Suma, der freundliche Rezeptionist und einige mehr, alle wollten noch mit uns plaudern.

Bhaktapur ist UNESCO-Weltkulturerbe und die älteste Stadt in Nepal. Hier gibt es viele traditionelle Newarenhäuser zu sehen. Manche haben das Erdbeben von 2015 überlebt, andere wurden ebenso wie die Tempel wiederaufgebaut oder werden noch wiederhergestellt. Privatleute erhalten eine Förderung, wenn sie ihre Häuser mit den klassischen Materialien wie Lehmziegel und geschnitzten Hölzern erbauen. Die Eintrittsgelder kommen auch dem Wiederaufbau und der Bevölkerung zugute. Soziale Projekte werden ebenso unterstützt wie Infrastrukturverbesserung. Der Eintritt kostet hier immerhin stolze 1500 Rupies. Man dürfte so oft wiederkommen wie man will, allerdings bräuchte man dafür eine Art Visum mit Passfoto.

Das historische Zentrum ist größer als in Kathmandu und soll auch älter sein. Ein Bauwerk ist beeindruckender als das andere. Wir nehmen erst mal in einem netten Café einen Capuccino und lassen den weitläufigen ‚Durbar Square‘ von unserer erhöhten Warte aus auf uns wirken. Es ist noch ziemlich wenig los, nur ein paar asiatische Reisegruppen wuseln herum und machen ein Selfie nach dem anderen. Sie sind es auch, die bunt und kitschig vor dem herrlich geschnitzten Holzbogen stehen und mich provozieren, ein Foto mit ihnen zu schießen. Daneben steht ein Soldat und würde mich am liebsten erschießen, weil man doch hier nicht fotografieren darf. Ich habe neben dem Fotomotiv ein großes Schild wahrgenommen mit nepalesischen Buchstaben. Mein Nepalesisch ist nicht so fließend, als dass ich das gleich verstanden hätte (hahaha). Gut, das ist eine Ausrede, denn auf der anderen Seite des Eingangs steht es auf Englisch. Man darf nicht hineingehen in den Tempel und nicht (hinein-)fotografieren oder man setzt bei den schussbereiten Soldaten sein Leben aufs Spiel. Dass sich das Fotografierverbot auch auf den Vorplatz bezieht, erschließt sich mir nicht. Der Soldat winkt mich zu sich und bedeutet mir, das Foto zu löschen. Nicht einmal englisch kann er! Ich lösche zu seiner Zufriedenheit. Hans schimpft mit mir, weil ich so etwas Verbotenes gemacht habe. Eine Chinesin springt gleich hinein durchs Tor, wird aber mit Trillerpfeife zurückgepfiffen.

Wir fotografieren aber sonst noch, was die Kamera hergibt. Und die Digitalkameras heutzutage geben eine ganze Menge her. Das Wetter ist sonnig und strahlend. Souvenirstände gibt es natürlich zuhauf und so komme ich letztendlich noch zu meiner gestern verschmähten CD. (für 400 Rupies). A bisserl was geht immer (mit dem Preis).

Nach unserem Mittagssnack im alten Holzhaus erhandle ich noch im Schnelldurchgang einen hübschen Wandteppich. Vorgestern sollte ich für genau so einen 15 $ bezahlen. Ob dieser Dreistheit war ich genauso frech und bot 500 Rupies (etwa 4,4 $). Heute zahle ich genau 500 Rupies.

Wir müssen uns beeilen. Der Taxifahrer hat schon angerufen, die drei Stunden sind um.

Dhulikhel

Die Fahrt führt wieder einmal durch dichten Verkehr. Kaum meint man, man hat die Stadt verlassen, ist man schon im nächsten Ort. Wenigstens wird es immer grüner je höher wir gelangen. Tatsächlich, es gibt hier Reisterrassen! Dhulikhel liegt auf ca. 1500 m über NN. Dank Hans' nepalesischer Sim-Karte haben wir Internet und damit eine Navigierhilfe. Nun lotst mein so modern ausgestatteter Mann unseren Fahrer bis zum Hotel.

Hier soll man einen herrlichen Blick in die Berge, auch in die höchsten und schneebedeckten Berge haben. Deshalb haben wir den Ort und das Hotel ausgewählt. Der Rundumblick von der Dachterrasse ist wirklich phänomenal, nur leider spielt das Wetter nicht ganz mit und verschleiert nebulös die mächtigsten Berge. Einen fantastischen Sonnenuntergang können wir aber trotzdem erleben.

Unser Zimmer ist einfach, aber sauber, hat zu einem guten Bett auch Tisch und Sofa und ein ordentliches Badezimmer, sowie Balkon. Was wollen wir mehr! Der Preis lässt sich sehen (22 € pro Nacht) und dadurch haben wir die Fahrtkosten gleich wieder eingespart.

Wir können hier in unserer Unterkunft essen. Es gibt echt nepalesische Küche mit frischem Gemüse aus dem eigenen Garten und Huhn in pikanter Sauce, gelbe Linsen, Reis. Sehr lecker!

Wir haben zwei Nächte gebucht um nicht gleich wieder abreisen zu müssen und nun stellt sich die Frage, was kann man hier tun? Natürlich wandern. Der Reiseführer empfiehlt, den Sonnenaufgang vom Kali-Schrein auf einer Anhöhe zu erleben. Das streichen wir zugunsten der Dachterrasse. Sie liegt wesentlich näher und das Bett ist so früh morgens und bei Dunkelheit noch viel zu verlockend um sich schon auf eine Bergtour zu begeben.

Wir wachen morgens um fünf Uhr schon auf, weil, den vielen Stimmen nach zu urteilen, schon viele Menschen mit Kindern hier vorbeimarschieren. Wo wollen diese bloß zu nachtschlafender Zeit hin? Für uns ist der Nachtschlaf dann zu Ende. Wir stehen aber trotzdem nicht auf, weil der Himmel eine einzige Suppe und von Bergen nicht die geringste Spur zu sehen ist.

Nach dem Frühstück zeigt sich die Sonne und drängt sich durch den diesigen Schleier. Jetzt ist für uns die Zeit, sich auf den Weg zu machen zum Kalischrein. Wir schwitzen bei Sonnenschein ganz schön, auch wenn wir für die grandiosen Ausblicke unsere Fantasie zu Hilfe nehmen müssen. Oben passieren wir ein Luxushotel (450 $ die Nacht), dann bilden noch ein Funkmast und eine Militärbasis das Gegenteil zum spirituellen Zielpunkt. Wenn du glaubst du bist allein …, ja dann kommt eine Gruppe Inder oder Nepalesen und hat ihren lautstarken Spaß. Sie bimmeln jede Glocke, die sich am Heiligen Ort befindet und quietschen vor Vergnügen bei jedem Foto. Schön, dass sie mit einfachen Dingen so glücklich zu machen sind. Vom Lärm angelockt, kommt ein Mönch, der sich uns dann als Shadu, ein Heiliger Mann, vorstellt. Er wohne hier, das sei sein Haus. Er zeigt uns die Geldscheine, die er aus verschiedenen Ländern bekommen hat. Eine deutsche Münze könnte ich ihm zur Ergänzung seiner Sammlung anbieten. Die will er nicht, dann schon lieber nepalesische Rupies. Von der farbenfrohen indischen Gruppe wollte er kein Geld. Er spricht nur sehr wenig englisch, aber ich verstehe, dass er von der indisch-nepalesischen Grenze kommt. Auf Pilgerfahrt wie die Shadus von den nordindischen Bergorten wie Rishikesch nach dem südlichen Pushkar geht er nicht. Das wären 2500 km zu Fuß.

Wir passieren ein paar einfache Restaurants und gelangen auf die schöne gepflegte Steintreppe mit den 1000 Stufen. Hier gibt es einen goldenen Buddha zu besuchen. Ein Mann, offenbar ein Newar, bewacht die religiöse Stätte, verleiht uns gegen ein paar Rupies Sandalen, da man wie üblich, nicht mit Schuhen hinein darf (normalerweise zählen auch Sandalen zu Straßenschuhen, aber anscheinend nicht, wenn sie nur in diesem religiösen Bereich benutzt werden). Er folgt uns und bietet uns sogar an, ein Foto von uns Beiden mit Buddha zu machen. Er ist offensichtlich kein Buddhist, denn es ist, soweit ich es von Thailand kenne, eine Sünde, sich als Mensch zusammen mit Buddha fotografieren zu lassen bzw. Buddha den Rücken zu kehren. Der Newar lässt sich sogar selbst fotografieren. Sehr freundlich. Wir bemerken auch immer wieder, dass die Leute hier sehr freundlich auf unser ‚Namaste' reagieren. Dazu legt man die Hände zusammen wie beim Gebet. Es ist ein üblicher Gruß wie Hallo, aber es wirkt sehr herzlich und feierlich. So haben wir anscheinend auch diesem alten Mann unseren Respekt bezeugt.

Die Buddhafigur ist riesig und überblickt das Tal und die Hänge von Dhulikhel und noch viel mehr.

Wir steigen die schöne Steintreppe hinab. Sie ist so edel, dass sie sogar links und rechts ein Geländer aus Edelstahl hat. Wir erreichen mühelos den Ort, der uns sogleich mit stinkenden Abgasen einhüllt. Wie gut, dass ich eine Atemschutzmaske besitze!

Ein Kaffee wäre mir jetzt recht. Direkt am Straßenrand aber lieber doch nicht. Wir finden den historischen Kern des 30.000-Einwohner-Städtchens. Leider hat auch in diesem Ort das Erdbeben von 2015 viel zerstört, aber auch hier wird und wurde schon viel aufgebaut. Herrlich alte Newarhäuser – zwar unbewohnbar - bieten noch eine zumindest optisch fast intakte Fassade mit den wunderschönen geschnitzten Holzfenstern. Wir folgen unserer Intuition und gelangen zu einem alten holzgeschnitzten hinduistischen Tempel. Unterhalb, in der Tempelhalle, wird gerade eine religiöse Feier durchgeführt. Die Frauen tragen alle orangefarbene, mit roten Schriften bedruckte Schärpen und orange-gelb gekleidete Mönche stehen als Gruppe zusammen und teilen Geldscheine auf.

Als wir uns diskret dem Tempelbereich nähern, strömen die orangebeschärpten Frauen heraus und eine dunkelrot gekleidete Frau nähert sich uns sehr freundlich. Wir könnten in den Tempel gehen oder schauen. Sie kann kein Wort englisch, aber sie deutet uns, dorthin zu gehen. Ich deute auf meine Stiefel. Mit Schuhen darf ich sicherlich nicht hinein. Ich soll aber unbedingt hineinsehen. Da sei Krishna und das bringe Glück. Liebevoll und behutsam stützt sie mich unter dem Ellbogen um mich zu führen. Ich sehe keinen Krishna wie ich ihn kenne, den jugendlichen Flötenspieler, sondern nur ein Foto eines alten Mannes. Vielleicht bringt mir das auch Glück. Hans hat sich zurückgehalten. Das Touristenpaar, das einen Führer hat, steht noch lange an einer rauchenden Opferstelle und lässt sich jede Menge erklären. Leichenverbrennungen finden hier vermutlich nicht statt, da kein Fluss in unmittelbarer Nähe ist. Wir bleiben unwissend. Dieser Führer, soweit wir belauschen können, spricht gut englisch. Man kann auch Glück haben!

Was wir aber alleine finden, ist der Rest der newarischen Altstadt und man ist auch hier dabei, originalgetreu zu restaurieren.

Jetzt ist Zeit, in das newarische kleine Restaurant zu gehen, das wir vorher schon entdeckt haben. Ein alter Mann saß unbewegt, vielleicht stundenlang in der tiefen Hockstelle, die wir im Yoga immer wieder versuchen. Ich bestelle wahllos ein nepalesich-newarisches Gericht mit verschiedenen Zutaten, eine Art Thali (in Indien ist das eine Platte mit einem Berg Reis umrundet von den verschiedensten Curries und sauer eingelegtem Gemüse). Hans hat sich auf Momo eingeschossen, obwohl er mittags eigentlich gar nichts essen wollte. Mich hat die Wanderung richtig hungrig gemacht. Ich bekomme einen Teller mit lecker gewürztem Huhn, Gemüse, einer Art Bohnen, gerösteten Erdnüssen und Gemüse. In der Mitte häuft sich etwas Helles. Es ist nicht Reis, sondern es sind trockene Flocken in der Form von gehobelten Mandeln, aber ohne jeglichen Geschmack. Es handelt sich um Reisflocken, ein sehr typisch newarisches Gericht. Nachdem ich zu essen habe, setzt sich der alte Mann auch an einen Tisch und bekommt eine Art Thali mit Reis. Bevor er aber zu essen beginnt, behandelt er einen leeren Teller ritualartig mit Wasser und drapiert vorsichtig mit Händen geformten Reis darauf. Entweder sind es vier Klumpen in jeder Himmelsrichtung oder es handelte sich um ein Kreuz. Dann erst beginnt er zu essen. Als Hans seine Momos vor sich stehen hat, kommt der junge Mann aus der Küche mit demselben Gericht, nur hat er dazu eine immense Menge Reis aufgetürmt. In affenartiger Geschwindigkeit schaufelt er die Portion mit den Fingern der rechten Hand weg. Als wir alle gegessen haben, bringt die Chefin ihr Essen und ist ebenso schnell mit den Fingern damit fertig. Man isst hier genauso wie in Indien mit den Fingern der rechten Hand. Die linke Hand ist unrein, denn sie benutzt man für Hygienezwecke. Klopapier brauchen die Einheimischen nicht.

Es gibt weder einen Bus, noch ein Taxi oder eine Rikscha. Also bleibt uns nichts anderes übrig, als zu Fuß die zwei Kilometer zu unserer Unterkunft zu laufen. Es geht an der Hauptstraße entlang. Sobald wir aber den Ortskern verlassen, wird der Verkehr ruhiger. Wir gehen gemütlich bergauf und entdecken die ersten rotblühenden Rhododendron. Hauptsächlich wegen dieser Rhododendron-Wälder haben wir das Frühjahr für unsere Reise gewählt. So haben wir also doch noch etwas sportliche Betätigung bis wir wieder in unserem Zimmer landen. Man sieht einfach viel mehr, wenn man zu Fuß geht. Hier werden viele neue Unterkünfte gebaut. Was werden sich die Touristen hier wohl erwarten? Vermutlich dasselbe wie wir: einen tollen Blick auf die Bergkette des Himalaya.

Am nächsten Morgen herrscht die gleiche Wolkensuppe und wir haben schon gar nicht erst einen Wecker gestellt, da das Dorfleben ohnehin um fünf Uhr beginnt und man dadurch aufwacht. Gestern Abend wurden wir mit Discomusik und fröhlichem Gegröle in den Schlaf gewiegt. Das war das Letzte, was ich hier erwartet hätte. Eher ein paar krähende Gockel oder meckernde Ziegen, kläffende Hunde. Aber nachts schlafe ich sehr gut. Die Luft bekommt mir anscheinend.

Wir haben einen Privattransport nach Kathmandu bestellt. Er kostet nur 2500 Rupies. Der Fahrer ist der Bruder unseres Gastwirtes. So verdient sich jeder etwas. Wir sind in nur eineinhalb Stunden beim Hotel in Kathmandu. Heute ist Samstag und vielleicht herrscht doch etwas weniger Verkehr. Back in town!

Back in town – Kathmandu (Thamel)

Wir wohnen nur wenige Häuser von unserer ersten Unterkunft entfernt und ich kann meine vergessene Jacke abholen.

Allerdings fühle ich mich ein wenig wackelig auf den Beinen und bin nicht so entschlusskräftig wie sonst bei der Buchung unseres Transportes nach Pokhara. Bequeme Sitze wären gut, Toilette an Bord wäre gut, auf Lunch inklusive kann ich verzichten. Hans ist alles recht. Nach einigem Hin und Her von 35-Sitzer bis 21-Sitzer mit oder ohne Toilette zwischen 10 $ und 30 $ nehmen wir einen VIP-Bus, der nur 25 $ kostet weil er alt ist. Abfahrt 7.30 Uhr. Wir sollen aber um 7 bis 7.15 Uhr vor Ort sein. Die Abfahrtsstelle ist nicht sehr weit von unserer Unterkunft entfernt, aber zu weit mit Koffern. Wir stellen uns schon mal auf Taxi ein.

Bevor wir noch einmal die wunderschönen Geschäfte abbummeln, brauche ich mindestens einen Kaffee, wenn nicht etwas zu essen. Das hübsche tibetische ‚Restaurant Utse' lockt uns für einen Snack.

Jetzt bin ich stärker und kann mich an den herrlichen Handarbeiten und Webwaren erfreuen. Außer mit ein paar bestickten T-Shirts belasten wir aber unser Gepäck nicht. Da wir im Osho-Hotel nun direkt gegenüber des netten ‚Frens-Restaurants‘ mit dem lauschigen Garten wohnen, besuchen wir das jetzt zum dritten Mal. Wir werden noch strahlender begrüßt, da wir offensichtlich schon als Stammgäste zählen. Die Portionen werden noch größer und ein ‚Happy hour‘-Bier gibt es auch noch nach der glücklichen Stunde zum günstigen Preis.

Unser Zimmer ist klein, aber es hat alles was man braucht für den unschlagbaren Preis von 22 €. Nein, falsch, alles hat es nicht, nämlich keine Ruhe. Bis drei Uhr morgens schlafe ich gut, aber dann werde ich von Gegröle auf den Straßen, später vom Türeschlagen und Stühlerücken immer wieder geweckt. Ich fühle mich leicht grippig, zumal ich zudem aus einem belastenden Traum aufgeschreckt bin.

Wir bekommen sogar noch ein ordentliches Frühstück und dann rollen wir unsere Koffer, nicht durch die vom nächtlichen Regenguss nassen dreckigen Gassen, sondern lassen uns für 300 Rupies zum Luxushotel Annapurna bringen, wo unser Bus abfährt.

Pokhara

So bequem bin ich seit der Business Class bei einem Emirates Flug noch nie gereist. Beinstützen erlauben fast einen Liegesitz. Wir bekommen Frühstück und später auf der Fahrt stoppen wir für ein Mittagessen, das im Preis enthalten ist. Der erste Teil der Fahrt durch das enge Tal geht äußerst schleppend voran. Wir stehen lange, während der Gegenverkehr vorbeizockelt. Nachher fahren wir zwar, aber sehr langsam. Für die Strecke von ca. 150 km brauchen wir tatsächlich acht Stunden.

Ich döse die meiste Zeit und erhasche nur ab und zu einen Blick auf einen Fluss, an dem Rafting angeboten wird, und als sich das Tal öffnet, auch auf Reisterrassen mit Bananenpflanzen und riesigem Bambus. Je näher wir unserem Ziel kommen, umso dunkler brauen sich von der Himalaya-Seite schwarze Wolken zusammen.

Just in dem Moment, als der Bus in die Station einfährt, aber nicht etwa unter eine Überdachung, bricht ein Platzregen los. Wir machen keine Anstalten auszusteigen. Das kontaktscheue westliche Paar, das ganz vorne saß, kann es jedoch nicht erwarten, aus dem Bus zu kommen. „Hoffentlich lädt man die Koffer jetzt nicht aus!", denke ich. Die chinesischen Gäste bleiben auch noch und beratschlagen sich aufgeregt. Wir ziehen uns unsere Regenjacken an, mit einer weiteren leichten Regenjacke schütze ich meinen Tagesrucksack. Hans bewaffnet sich mit unserem neu erworbenen Regen-Knirps und so stellen wir uns dem Wetter. Unsere Koffer wurden schon ausgeladen, stehen im Freien und sind sichtbar nass. Wie dicht sie wohl sein mögen? Elektronikgeräte habe ich zum Glück nicht im Hauptgepäck. Mit einem freundlichen Taxifahrer werden wir uns schnell handelseinig. 300 Rupies. Unser Hotel liegt eineinhalb Kilometer entfernt.

Es pritschelt und plätschert von allen Seiten und überall ist man dabei, in fieberhafter Hast die Wäsche von den Leinen zu nehmen. Für manche zu spät!

Wir sind im Nirwana! So heißt unsere Unterkunft und wir hoffen, dass wir uns hier auch so fühlen können. Der Garten ist hübsch, an den Zimmerreihen entlang stehen überall blühende Blumentöpfe. Unser Zimmer ist ganz oben, hinten und von der Hauptstraße abgewandt. Was will man erst einmal mehr! Es ist geräumig und wie ich gleich nach dem stärksten Regenguss feststellen kann, bietet es sogar einen Blick auf den Himalaya! Der erste wirkliche und vollkommene Blick auf die schneebedeckten 7.000er! Auf die 8.000er müssen wir noch warten. Wir eilen auf die Dachterrasse, obwohl es noch regnet. Aber die Berge sind von der Sonne beschienen und wir fotografieren wie die Wilden. Leider gibt es hier auch einen Bauboom und wenig Bauvorschriften, sodass jeder noch höher aufstocken kann und damit dem Hintermann die Sicht nimmt. So blockiert vor uns auch ein höheres Hotel die Sicht auf die komplette Bergkette.

Zum Abendessen hat der Regen aufgehört und wir brauchen nicht lange zu suchen, bis wir ein passendes Restaurant gefunden haben. Ein offenes Feuer strahlt Gemütlichkeit und Wärme aus. Am Nachbartisch höre ich bayerische Klänge und spreche die zwei Männer gleich an. Sie sind sehr aufgeschlossen und wir kommen ins Gespräch. Sie haben eine 17-Tage-Trekkingtour hinter sich und sind alleine ohne Führer und Sherpas den ‚Drei-Pässe-Trail‘ gegangen. Der höchste Punkt war 5.800 m. Respekt, Respekt! Nach und nach erfahren wir, dass einer der Männer ein extremer Sport- und Reisefan ist. Er hat alle möglichen und für uns mit diesem Fortbewegungsmittel unmöglichen Länder der Welt mit dem Fahrrad bereist. Solche Menschen trifft man selten und wir sitzen gleich nebeneinander und plaudern und plaudern.

Heinz zeigt mir Fotos von der Himalayatour. Die wackeren Alpinisten mussten immer im Schnee steigen, hatten aber bis auf einen einzigen Tag schönsten Sonnenschein, erklärt er. Natürlich wird es vor allem nachts kalt und in der Unterkunft, genannt Lodge, hatte es minus 4° C. Das tröstet mich ein für alle Mal über die verpasste Chance meines Lebens hinweg, im Himalaya eine Trekkingtour zu unternehmen. Ich hatte vor etwa 35 Jahren erstmals davon gehört und mir immer gewünscht, das auch einmal anzupacken. Aber die besten Reisezeiten März/April sowie Oktober schieden für mich aus, da das meine Haupt-Seminarzeit war. Jetzt macht es mein Körper nicht mehr mit. Hans hatte ohnehin immer schon Probleme mit der Höhe, sodass eine gemeinsame Tour nicht in Frage gekommen wäre. Zwar gibt es den Klassiker, die Annapurna-Umrundung in vier Tagen, bei der man die 4000-Meter-Höhenmarke nicht überschreitet, aber Schnee kann es auch dort noch geben und entsprechende Kälte. Bei Niederschlägen hätte man nicht Regen sondern Schneetreiben, was den Weg nicht angenehmer macht.

Unser Tischnachbar, der Extrem-Radfahrer, der sich nicht gescheut hat, in Indien zu radeln, gibt immer mehr abenteuerliche Erlebnisse zum Besten. Sein Mitstreiter beim Trekking scheint nicht ganz so extrem zu sein, wenngleich eine Trekkingtour ohne Führer und Träger schon sehr viel Mut und Kraft erfordern. Faszinierend, dass wir gerade neben diesen interessanten Leuten zu sitzen kamen.

Ich habe leider doch ein wenig Halsschmerzen und hoffe, durch eine entspannte Nacht das Schlimmste verhindern zu können.

Phewa-See

Heute Morgen strahlt die Sonne und welch ein Riesenglück: alle weißen Berggipfel sind wunderbar zu sehen! Schnell angezogen und aufs Dach gestürmt. Von so etwas träumt man! Aber man darf es auf keinen Fall verschlafen!

Wir nutzen das strahlende Wetter für eine Fahrt mit dem Ruderboot auf dem See zum Hindutempel. Wir lassen rudern. Die Preise sind so angelegt, dass es nur geringfügig mehr kostet, wenn man einen Bootsführer mitbucht. Noch ist wenig Betrieb am Tempel und wir können ihn uns in Ruhe ansehen. An Wochenenden und hinduistischen Feiertagen soll hier die Hölle los sein. Wir werden noch erleben, wie der Wochenendbetrieb aussieht.

Den Nachmittag verbringen wir gemütlich herumsitzend und ruhen uns aus. Das Wetter wird wieder schlechter und nachts gibt es ein heftiges Gewitter.

Durch das besorgte Nachfragen einer Bekannten aus Spanien, ob es uns gut gehe, erfahren wir erst nachträglich, dass es sehr schwere Gewitter im Süden Richtung indischer Grenze gab, also keine 100 km von uns entfernt mit 27 Toten und 600 Verletzten. Viele Häuser wurden zerstört. Wir kennen ja die Bauweise der Ärmsten. Hütten aus Lehm und Wellblech.

Beim Abendessen haben wir uns heute auf Indisch eingerichtet und stellen fest, dass die zwei tollen Bergsteiger denselben Geschmack wie wir haben. Sie setzen sich an den Nachbartisch. Ich bekomme bestätigt, dass meine Entscheidung richtig war, kein ‚Chicken Tandoori‘ zu bestellen. Die Herren haben so eines auf dem Teller und es ist sehr trocken. Mein ‚Chicken Butter Masala‘ dagegen ist zart und schmeckt wunderbar. Wir unterhalten uns wieder eine Weile sehr angeregt über zwei Tische hinweg. Die Herren sind mit ihrem Privatfahrer schon früh unterwegs gewesen zum Sonnenaufgang über Sangarkot, dann zum Friedensstupa und haben noch eine nichtssagende Höhle und einen wenig eindrucksvollen Wasserfall besichtigt. Morgen müssen sie zurück nach Kathmandu, denn übermorgen fliegen sie nach Deutschland. Sie haben große Probleme mit Turkish Airlines, denn zunächst hat man ihnen eigenmächtig den Flug auf drei Tage später verschoben, dann, nachdem sie endlich wieder Internet hatten und aktiv werden konnten, bot man ihnen drei Optionen zur Flugänderung an. Eine davon mit acht Stunden Aufenthalt in Istanbul und eine zu spät für Michi, der wieder zur Arbeit muss. Nun nahmen sie die frühere Option. Das ist ein Flug, der einen Tag vor dem „Big Move“ zum neuen Flughafen stattfindet. Sie verlieren damit drei Urlaubstage. Am 6. April zieht der Riesenflughafen um und Flughafen Atatürk wird dann nicht mehr angeflogen. Wir selbst werden, wenn alles planmäßig klappt, schon am neuen Flughafen landen und umsteigen.

Nur Fliegen ist schöner ...

Ich habe für morgen früh andere Pläne. Ich buche einen Paragliding-Tandemflug. Das Wetter ist gut vorhergesagt und bestätigt sich auch am nächsten Tag.

Ich werde vom Hotel abgeholt. Zwei Chinesinnen warten schon aufgeregt schnatternd. Sie sprechen so gut wie gar kein Englisch und quaken auch im Fahrzeug aufgeregt miteinander. Beim Agenturbüro steigt noch eine Chinesin ein.

Das kann ja heiter werden! Auch für die Guides, die sich nun zu uns ins Fahrzeug gequetscht haben. „Do you speak english?", fragt einer der Guides meine Nachbarin. „Only chinese!" „I speak nepali!", kontert dieser, vermutlich etwas pikiert. Wie soll er Anweisungen geben, wenn die neue Reisenation kein Wort der gemeinsamen Kommunikationssprache spricht? Die dritte Chinesin macht das schlechte Image allerdings wieder wett, wie ich auf der Rückfahrt bemerke. Sie spricht ausgezeichnet englisch.

Nach der verspäteten Abholung und Registrierung im Touroffice geht es dann wirklich los. Unser Fahrer braust bergauf, so schnell er kann. Die Straße ist schlecht und bei Gegenverkehr muss man sich geschickt ausweichen, ohne in den Abgrund zu stürzen. „In Nepal gibt es gute Autofahrer!", lobe ich das letzte Manöver. „Unser Fahrer ist erst 24 Jahre alt, hat aber 25 Jahre Erfahrung!", scherzt einer der Guides. Ich habe hier noch nie gesehen, dass einer ein Auto auch nur angekratzt hätte, geschweige denn einen Unfall verursacht. Zum Glück! Die Autos haben hier weniger Schrammen als in Spanien, obwohl viele sehr alt sind. Aber man sieht auch neue, moderne Autos aus Japan und Korea.

Wir fahren am Aussichtspunkt Sangarkot vorbei und holpern noch ein Stück Straße bis zu unserem Startpunkt. Es gibt vier Plätze für den Paragliding-Start. Wer welchen Guide bekommt, oder besser gesagt, welcher Guide welchen Flugpassagier bekommt, wird ausgelost. Ich ziehe Suman, den langhaarigen, der im Auto vorne saß und recht ruhig war. Jeder Guide würde am liebsten einen leichten Passagier mitnehmen. Vor allem bei wenig Wind ist das von Vorteil. Sollte es viel Wind haben, sind gewichtigere Personen günstiger. Ich hatte schon im Fahrzeug mitbekommen, dass die Guides scherzten, wer welche der Chinesinnen nimmt. Eine Chinesin meinte sehr übermütig, sie wolle diesen da, der sei so ‚beautiful‘. Ich hielt mich zurück, musste ich doch im Formular ehrlich sein und bin mit angegebenen 70 kg (mit Kleidung!! ☺) kein Leichtgewicht!

Auch Träger können sich hier Geld verdienen. Sie schleppen die großen Rucksäcke die letzten Meter hinauf. Einer strahlt, als er von Suman etliche Scheine hingeblättert bekommt. Ein Fünfhunderter war mindestens dabei. So verdient jeder an den Touristen.

Suman schirrt mich ein. Das Gestell hängt mir hinten bis über die Kniekehlen. Er weist mich kurz ein. Wenn er sagt „walk“ soll ich gehen, wenn er das Kommando gibt „run“, muss ich laufen – nicht sitzen, stehen oder irgendetwas. „Du sagst mir, was ich zu tun habe, das ist mein erstes Mal!“. „Meines auch!“, kontert er trocken. Sein Humor und seine ruhige Art gefallen mir. Mit den Händen muss ich mich hier und dort festhalten, zeigt er mir. Ok. Der Helm ist geschlossen. Oberhalb von uns wird der orangefarbene Gleitschirm am Boden ausgebreitet, aber der Helfer schafft es nicht und verheddert sich und den Schirm. Schließlich muss der Chef selbst eingreifen. Jetzt bekomme ich allmählich Lampenfieber. Hoffentlich mache ich es richtig! Ich beobachte, wie jemand startet und nebenan erklärt ein Guide seinem Tandemschützling: „Siehst du, so ist es falsch!" Endlich sind alle Schnüre in der richtigen Position und der Schirm bläht sich auf. Jetzt ist Suman gefordert, den Schirm zu richten. Schon höre ich „Go!" und „Run!" Ich muss nicht viel laufen, da sitze ich schon ohne es zu wollen. Nun, wenn kein Boden mehr unter mir ist, bleibt mir wohl nichts anderes übrig. Ich solle weiter nach hinten rutschen, meint der Boss. Herrlich, ich schwebe! Wir gleiten zum Hang unterhalb von Sangarkot. Hier scheint es sehr gute Thermik zu geben, da viele hier schweben. Etliche gleiten oberhalb des Gipfels. Das schaffen wir nicht oder der Guide will das nicht. Ein riesiger Adler schwebt knapp unter uns. Er hat eine Flügelspannweite von fast zwei Metern. Wir schweben wie ein Adler. „Wir lernen von ihnen!", erklärt mir mein Pilot. Die Vögel wissen immer wo Thermik ist. Er merke es am leichten Wackeln. Manchmal sacken wir leicht ab. Da ist wohl keine Thermik! Aber wir gleiten und ich kann heute bei idealstem Wetter das Himalaya-Panorama sehen. Vor mir erstrecken sich malerisch der Phewa-See, die Stadt Pokhara und sehr viel Grün. Es ist herrlich, herrlich! Nach gefühlten fünf Minuten zeigt mir Suman wo wir landen. „Oh, so bald!" „Dann hast Du es wohl genossen?" „Sehr!". Ob er über dem See ein wenig schaukeln solle? „Mach du, was du meinst!" Das ist wirklich toll! Er kippt den Schirm mal auf die eine, mal auf die andere Seite während sich das Wasser nähert. Es könnte einem schlecht werden, aber für mich ist das Ganze viel zu schön und aufregend, dass ich groß auf die Regungen meines Bauches achten würde.

Schon bald, viel zu bald landen wir. Er steht, ich sitze. Da er dicht hinter mir steht, komme ich nicht hoch. Damit habe ich seit meinem Beinbruch ohnehin Probleme. Sobald er ausgeschirrt ist, macht er mich los und dann kann auch ich aufstehen. Der Flug hat angeblich 30 Minuten gedauert, aber ich empfand ihn als viel kürzer. Das kommt, wenn man etwas sehr Schönes erlebt. Während des Fluges hat der Guide gefilmt und fotografiert. Das Material bekommt man mit, d. h. man überspielt es mir gleich aufs Handy. Zum Glück habe ich es mitgebracht! Das ist nochmals ein Erlebnis, diesen Flug mit Himalayahintergrund wiederholt sehen zu können. Ich muss ein absoluter Glückspilz sein, denn solche Tage mit optimaler Sicht (das wissen wir nur zu gut) und perfektem Wind gibt es sehr selten.

Es dauert noch, bis wir zurückfahren, denn alle Schirme müssen gepackt werden. Wir steuern das Touroffice an, wo die Dateien überspielt werden. Die Chinesinnen fragen nach einem Zertifikat. Ich bekomme auch eines. Im Bus sitzt die Dritte, die im Gegensatz zu den zwei anderen sehr gut englisch spricht und auch viel Sinn für Humor hat. Ein Guide fragt, ob ich alleine reise. Nein, mein Mann wartet und hofft vermutlich sehnsüchtig, dass ich zurückkomme. „He loves you!", erkennt er scharfsinnig.

Tatsächlich erwartet Hans mich schon im Hotel. Seit elf Uhr hätte er mich zurückerhofft. Jetzt ist es schon zwölf Uhr. Aber immerhin, ich bin lebend zurückgekehrt.

Mein Unternehmungsgeist ist erwacht und meine durch wenig Schlaf qualvolle Nacht ist vergessen. Es war immer irgendwo Lärm. Das Bett hat eine ausgeprägte Kuhle, in die wir beide hineingerollt sind. Jeder versuchte sich am Bettrand festzuklammern um den Partner nicht zu stören. Aber dabei schläft es sich nicht so gut.

Die Sicht auf die Berge ist heute ungebrochen gut, was die große Ausnahme darstellt und vermutlich dem reinigenden Gewitter von gestern zu verdanken ist. Man könnte auch am Nachmittag den Friedensstupa besuchen, von wo aus man den perfekten Blick auf das Himalayamassiv hat. Markant ist der sog. Fischschwanz, der ‚Machapuchare‘, der eine Ähnlichkeit mit dem Matterhorn hat. Aber Hans fühlt sich nicht fit genug und so bummeln wir am See entlang. Herrlich frisches Frühlingsgrün umrahmt den Uferteil in Richtung ‚Damside‘. Das Grün und hoffentlich auch blühende Rhododendron waren ein wesentlicher Grund für uns, die Reise im Frühjahr anzutreten. Die beliebtere der zwei Hauptsaisons ist im Oktober, denn sie ist für Trekking sehr günstig, da die Luft noch häufiger klar ist und die Sicht damit gut. Zu der Zeit soll aber alles ausgebucht sein und doppelt so teuer.

Am nächsten Morgen lugen wir vom Bett aus auf die Berge, d. h., da wo sie sein sollen. Leider sind sie nicht zu sehen. Also werden wir nicht hinausstürmen und einen Taxifahrer buchen. Man kann den Weg zum gigantischen Friedensstupa auch zu Fuß gehen, wovor unser Loose-

Reiseführer aber warnt, denn es soll schon Überfälle gegeben haben. Eine andere Möglichkeit ist, sich mit dem Boot übersetzen zu lassen und den steileren Weg von der Seeseite hinaufzugehen. Oder man kombiniert beide Varianten. Da wir noch mehrere Tage Zeit haben, können wir auch warten, bis wir wieder einen Tag mit freier Sicht erwischen.

Leider kämpfe ich gegen eine Bronchitis an. Die Luftverschmutzung in Kathmandu und in jedem Ort, in dem Autos fahren, belastet meine Schwachstelle. Die kleinen Wanderungen fallen somit erstmal aus. Die großen stehen ja aus anderen gesundheitlichen Gründen ohnehin nicht auf dem Plan.

Interessant ist das Nachtleben von Pokhara. Den aktivsten Teil unseres Ortes haben wir ja noch gar nicht gesehen und entdecken ihn zufällig als wir eine ATM suchen. Etliche Lokale bieten Livemusik und wir steuern eines an. Schließlich ist es noch viel zu früh um zu Bett zu gehen! Dieses hat sogar einen Garten zum See und hier ist die Musik nicht gar so laut. Die Band ist gut und spielt u. a. Pink Floyd's ‚The Wall' in exzellenter Qualität.

In dieser Amüsiermeile (Meile ist maßlos untertrieben) gibt es eine Kneipe, ein Restaurant, ein Geschäft am anderen. Das stellt sogar die Gegend um die Bangkoker Kao San Road in den Schatten. Hans „opfert" sich und muss ein großes Bier (0,655 l) in Ermangelung eines kleineren trinken. Ich probiere Mocktails, die leider voll überzuckert sind.

Der nächste Tag beschert uns einen Umzug in ein anderes Hotel, aber leider keine klarere Sicht. Also kein Ausflug.

Ich möchte noch gerne zu den beiden anderen Seen. Hans zieht es vor, beide Ziele, den Stupa und die Seen im Begnatal. mit einem Fahrer abzuklappern.

Eine Bootsfahrt von einem anderen Startpunkt ist bei Sonnenschein immer ein Genuss, auch ohne Himalayablick. Wenn schon ausflugstechnisch nicht viel passiert, erstehe ich heute endlich und feierlich einen Thangka. Die Künstlerin malt hier selbst und das seit 30 Jahren. Ich erkenne (wurde ja schon in Kathmandu aufgeklärt) die Meisterschaft. 80 € blättere ich für dieses Kunstwerk hin. Die Künstlerin meint, es wäre besser, diese Malereien hinter Glas zu zeigen als auf Stoff genäht ohne Abdeckung. Sie wären dadurch viel besser geschützt gegen Staub. Ich kannte sie bisher nur mit Stoff und so ein Exemplar hängt auch bei mir zuhause. Die Ladenbesitzerin und Malerin hatte von ihrem Vater gelernt, der Mönch war, ein Lama, und die Klosterwände verzierte. Ich darf ein Foto von ihr zusammen mit dem Kunstwerk machen und hoffe, damit bei der Ausfuhr kein Problem zu haben, denn alte Schätze dürfen nicht ausgeführt werden. Da die Künstlerin noch lebt, ist das Werk nicht ganz so alt und wird beim Zoll hoffentlich richtig eingeschätzt.

Das Wetter meint es nicht besonders gut mit uns und ist für die Jahreszeit ungewöhnlich, weshalb wir sowohl den geplanten Ausflug zum Begnatal als auch die Besteigung des Berges zur Stupa aufschieben. Wir haben unser Programm des üblichen Nepaltouristen ohnehin schon geschmälert. Weder machen wir Trekking, was hier jeder macht, noch unternehmen wir den Dreitagetrip zum Chitwan-Nationalpark. Für uns ist das klar, waren wir doch erst in Südafrika und Sambia und haben dort viele,

viele Wildtiere gesehen. In Chitwan soll es Nashörner geben, aber so eines zu sehen, ist reine Glückssache. Auf Elefanten zu reiten, lehnen wir hierzulande ab, da die Tiere unter sehr schlechten Bedingungen leben müssen. Also Chitwan nicht, aber Lumbini auch nicht, den Geburtsort von Gautama Siddharta später Buddha – der Erleuchtete. Das ist uns zu weit und die Atmosphäre soll dort nicht so spirituell und schon gar nicht buddhistisch sein. Nur am frühen Morgen könne man die Mönche ihre Mantras singen hören. Dafür aber 12 Stunden Hinfahrt und nochmal so viel zurück auf uns zu nehmen?? Wir haben schließlich das sehr buddhistische Bhutan noch vor uns. Jetzt müssen wir aus Wettergründen auch noch Ausflüge von und um Pokhara verschieben. Der Ort ist aber sehr angenehm und bietet für Touries alles, was das Herz begehrt – kulinarisch genauso wie an Souvenirshops für Auge und Koffer.

Jeder Einheimische beteuert, dass dieses Wetter vollkommen unüblich für diese Jahreszeit sei. Der Monsunregen komme normalerweise erst im Juni, nachdem es im Mai unerträglich heiß sei.

In einem der heimeligen Frühstückscafés kommen wir mit zwei älteren deutschen Damen ins Gespräch. Eine ist 68, die andere 72 Jahre alt. Sie machten eine Trekkingtour. Die ältere der Beiden kannte den Guide schon und der empfahl wegen der Wetterbedingungen (es schneite noch ziemlich weit herunter) eine niedriger gelegene Tour. Sie blieben auf etwa 2500 m und liefen sieben Tage. D. h. einen Tag pausierten sie. Das war kein Problem, da sie einen Führer und einen Träger für sich hatten und diese richteten sich mit Tempo und allem ganz nach ihren

Wünschen. Die 72jährige ist glücklich, dass ihr gar nichts weh tut und betont, wie entspannt die ganze Tour war, weil eben der Guide so entspannt war und nicht, wie sie meint, typisch deutsch, sein Programm absolvieren wollte. Eine der Damen ist vier Monate, die andere zwei Monate unterwegs und entsprechend locker wirken sie und viel kontaktfreudiger als man es sonst von Deutschen kennt. Man kann sie sich als Vorbild nehmen, erkläre ich meiner Nachbarin (der Älteren), was sie mit einem erfreuten Lächeln quittiert. Sie ist spirituell, das strahlt sie aus, erwähnt aber auch, dass sie einige Zeit in Poona verbringt und auch während der Monsunzeit in Indien ist. Poona sei aber sehr teuer. Es gebe noch andere Zentren als das durch Baghwan, später Osho genannt, bekannt gewordene Poona.

Ich habe nun wirklich erkannt, dass ich nichts versäumt habe, wenn ich nicht in Nepal auf Trekkingtour ging oder gehe. Weiter oben (mindestens ab 4.000 m Höhe) im Schnee herumzustapfen, gefällt mir ganz und gar nicht, die Kälte tut mir überhaupt nicht gut – meine Bronchien brennen bei Kälte und meine Schrauben und die lange Platte in Knie und Unterschenkel sind auch nicht kältekompatibel und mein Knie beklagt sich dann recht schnell. In eisig kalten Unterkünften zu schlafen ist schon erst recht nicht mein Ding. Ich musste schon als Kind mit Eisblumen an den Fenstern (auf der Innenseite!) schlafen, wobei die Bettdecke klamm war. Ich glaube, das hat in mir eine bleibende Abneigung gegen Kälte hinterlassen. In etwas niedrigeren Höhen läuft man auf Geröll und ehrlich gesagt, bin ich doch viel eher der Dschungeltyp mit sattem Grün und üppiger Vegetation. Wurde aber auch Zeit, dass ich das endlich erkenne. Immer hatte ich im Hinterkopf den Wunsch nach Trekking in Nepal herumgeschleppt, der mir vor 35 Jahren von Reisebekanntschaften in Goa eingepflanzt worden war. Immer noch dachte ich, wie schade, dass ich das nun nicht mehr machen kann. Jetzt erkenne ich endlich, dass ich das gar nicht mehr machen WILL!

Einmal wurden wir von Deutschen am Nachbartisch angesprochen, ob wir das Trekking vor oder hinter uns hätten. Weder noch. Wir gehen nicht zum Trekking! „Was macht man dann hier, wenn man nicht zum Trekking geht?", frägt die Dame sehr spitz. Ja, das sollte jeder für sich herausfinden.

Am Samstag, den 5. April regnet es zwar morgens, aber wir schnappen uns nach einem leckeren Frühstück doch ein Taxi. Es ist – vermutlich wegen des Wetters – viel billiger als wir dachten und lassen uns zum Begnatal kutschieren. Der See ist herrlich und idyllisch gelegen. Mit dem steilen Uferpfad geben wir uns schnell geschlagen, kehren um und mieten uns ein Boot. Inzwischen hat es aufgeklart und wir genießen die friedliche Ruderpartie. Dieses Mal werden wir von einer Frau – wahrscheinlich eine Newar - gerudert. Sie setzt die Paddel so sanft ein, dass wir nur ein leichtes Plätschern hören und sonst nichts mehr, sobald wir uns vom Ufer mit indischen Gästen entfernt haben. Der See ist weitläufig und da und dort sieht man am Hang nur ein einzelnes Haus, vielleicht ein Hotel. Hierher kommt man nur, wenn man wirklich Ruhe sucht und sonst nichts. Eine Restaurant- bzw. Essensauswahl ist in so einem abgeschiedenen Hotel natürlich nicht zu erwarten.

Unser netter Taxifahrer lässt sich für ein paar Rupies mehr darauf ein, uns noch zum Nachbarsee, dem Rupusee zu fahren. Es gibt einen Höhenkamm, an dessen Ende ein Aussichtsturm steht, von dem aus man auf beide Seen blicken kann. Wunderbar grün ist alles jetzt zu dieser Jahreszeit. Auch Reisfelder wurden hier angelegt.

Nun geht's bei immer hellerem Wetter zurück. Besseres Wetter bedeutet sofort Stau. In beide Richtungen bewegt sich die Blechschlange nur zögerlich vorwärts. Die vielen Modeps kurven um die Busse und Autos herum und nehmen schon mal ein Stück der lehmigen und nassen Anliegerstraßen.

Unser Fahrer hat vier Kinder zwischen 11 und 18, die er auf die Schule schicken will. Er weiß, dass Pokhara teurer ist als Kathmandu. Die öffentlichen Schulen taugten nichts, deshalb müsse man seine Kinder auf teure Privatschulen schicken. Er selbst hat nur vier Jahre Schule absolviert, weil es seinen Eltern zu teuer war. Das öffentliche Schulsystem (und so vieles mehr) scheitere an den 150 verschiedenen Parteien im Land und die Korruption ersticke jeden Fortschritt, vertraut er uns an.

Ich schmeichle ihm, wie er wohl schon so große Kinder haben können, wo er doch so ein junger Mann sei. „Ich bin 41!", erklärt er grinsend.

Es gibt zwei hinduistische Feste im Oktober/November. Zu der Zeit sind auch 25 Tage Schulferien und es feiert alles, was Beine hat.

Die stockende Fahrt macht mich müde. Zu müde um noch auf die Pagode zu gehen. Weder will ich zu Fuß hinauf, noch gefahren werden. Eine gute Entscheidung, denn kaum sind wir auf den Zimmer, fängt es zu regnen und gewittern an.

Es ist eine deutsche Reisegruppe angekommen. Ein Paar bezieht unser Nachbarzimmer und plaudert in heimischen Klängen mit Hans über die Balkone hinweg. Als ich mich einklinke und neugierig bin, woher sie stammen, stellt sich heraus, dass sie aus Grafenau sind, also nur etwa 20 km von uns entfernt. Die Nachbarn auf der anderen Seite sind aus Regen, das ist auch nicht viel weiter von uns entfernt. Wie klein die Welt doch ist! Sie reisen mit Lidl. Kaum zu fassen! Wir haben oft die Prospekte studiert, obwohl wir keine Gruppenreisetypen sind, aber es interessiert uns immer, wo die Veranstalter überall hinfahren. Die Reisenden sind sehr zufrieden mit Hotels, Reiseverlauf und ihrem deutschsprachigen Reiseleiter, der sehr gut deutsch spricht. Im sonstigen Leben ist er Lehrer und war einst von seiner Familie verstoßen worden, weil er sein Dorf verlassen wollte um in der Stadt zu studieren.

Wir beglückwünschen die netten älteren Herrschaften zu ihrem Reiseentschluss. Wenn man kein Englisch könne, sei es doch ein wenig schwieriger auf eigene Faust, meint die Frau. Vielleicht würden wir auch eines Tages eine Reise buchen, falls Hans einmal keine Lust mehr hat, die Planung übers Internet zu übernehmen. Das einzige, was sie sehr enttäuscht, ist das Wetter. Sie hätten noch kein einziges Mal hier die Himalaya-Berge gesehen. Hans zeigt ihnen Fotos. Das macht sie aber nur neidisch.

Heute, Sonntag, ist unser letzter Tag. Wir werden morgens zur Stupa pilgern, egal ob es gießt oder schneit. Das

Wetter lässt sich gut an, obwohl wieder Regen vorhergesagt ist. Gestern Abend nach dem Gewitter und kurz vor
Einbruch der Dunkelheit konnten wir alle weiß verschnei-
ten Berge sehen. Wir lassen uns mit dem Boot übersetzen,
was erstaunlicherweise teurer ist als eine einstündige Ruderpartie, obwohl ich mir nicht vorstellen kann, dass der
Ruderer insgesamt länger als 60 Minuten unterwegs ist.
„Hin 45 Minuten und zurück 45 Minuten", grinst mich
der geschäftstüchtige junge Nepali an. 550 eine Stunde.
700 Rupies einfach zum Stupaeinstieg. So viel Heiligkeit
kostet halt ...

Es geht über steile naturbehauene Steinstufen hinauf. Die
Natur, die wir durchkreuzen, ist dschungelartig und fan-
tastisch, gibt aber trotz der üppigen Vegetation immer
wieder Blicke auf See und den erst von hier erkennbaren
Moloch Pokhara frei. Nach 50 Minuten sind wir oben.
Nicht schlecht, wir brauchten trotz Fotostops nur fünf
Minuten mehr als angegeben.

Der Stupa ist eindrucksvoll groß und hat auf allen vier
Seiten vergoldete Figuren. Hier oben bei der Umrundung
soll ‚Silence' herrschen. Das steht zumindest auf den Tafeln, was für die vielen Inder, die wir hier antreffen, aber
unmöglich einzuhalten ist. Jeder lässt sich mit Buddha
fotografieren. Hier nimmt man das wohl nicht so genau.
Also gibt es auch mit mir und meinem großen Idol ein
Foto! Es ist herrlich hier oben, die Sonne scheint immer
öfter. Wir lassen uns in einem der Aussichtsrestaurants
nieder und trinken den leckersten Cappuccino und futtern
unseren ersten ‚Banana-Pancake' dieser Reise.

Jetzt sind wir gestärkt für den Abstieg auf der anderen Seite. Ein herrlicher Pfad führt durch den Dschungel. Weiter unten passieren wir Einheimischen-Häuser, aber auch die ärmlichsten Wellblechhütten. Frauen waschen Wäsche im Rinnstein und gleich sich selbst und ihr Kind. Immerhin fließt das Wasser hier und sieht ziemlich sauber aus. Wir haben vom Taxi aus schon Frauen ihr Geschirr buchstäblich in der Gosse spülen sehen, im schlammigen, dreckigen Wasser, das unterhalb des Rinnsteins stehengeblieben war. Wir balancieren über eine Hängebrücke, die einen munter plätschernden Fluss überspannt. Die Einheimischen gehen zügig alle auf einmal hinüber und haben keine Angst, wenn die Brücke dabei kräftig schaukelt. Also habe ich auch keine Bedenken und werfe noch einen Blick auf weitere Frauen, die heute Waschtag haben.

Wir müssen ein Stück an Hauptstraßen entlang gehen und stoppen noch einmal an einem niedlichen kleinen Restaurant, das – selten genug – direkt am See liegt und liebevoll mit Blumen bepflanzt ist. Das Warten aufs Essen dauert in Anbetracht der aufziehenden dunklen Wolken ein bisschen zu lange. Gestärkt schaffen wir auch das letzte Stück der Rückwanderung - immerhin im Trocknen.

Wir haben noch einen gemütlichen Ausklang. Neben unserem Hotel gibt es ein chices, mediterranes Dachterrassenlokal. Der Capuccino ist absolut spitzenmäßig und wir haben Blick auf den smaragdgrünen See. Wir holen noch unsere Wäsche ab und dahinter in der Seitenstraße gibt es eines der vielen Geschäfte, die Yakdecken und Kashmirschals verkaufen. Von oben aus habe ich mir schon eine passende Farbe ausgesucht. Ein gedämpfter Orangeton würde gut in unser Wohnzimmer passen. Man ist schnell verhandlungsbereit. Ich betrachte mich quasi schon als Profi.

„1000?“

„Nein! Ich habe es in Kathmandu für 600 gesehen.“

„950?“

„Allerhöchstens 700.“

„900, ok?“

„Das tut mir wirklich Leid. Auf Wiedersehen.“ Ich strebe auf den Ausgang zu.

„Gut, gut also für 700. Die Geschäfte gehen schlecht im Moment.“

Ich freue mich über meine neue flauschige Yakdecke.

Wir bestellen für morgen 6.30 Uhr Weckdienst und Frühstück. Hans bezahlt schon heute die gesamte Rechnung inklusive des morgigen Frühstücks. Er reklamiert auch noch einmal das Wahnsinnsgeräusch, das uns nachts nicht schlafen lässt. Im ausgeschalteten Zustand ist es ein tiefes Brummen wie ein Schiffsdiesel. Aber das Einschalten gibt ein derartiges Schlaggeräusch, dass man senkrecht im Bett steht. Und das wiederholt sich dauernd. Mir kommt es vor wie eine Wasserpumpe, die trocken läuft. Hans hat herausgefunden, dass genau über unserem Zimmer ein Solarheizgerät bzw. eine Pumpe ist, die sich dauernd ein- und ausschaltet. Weder unsere Grafenauer Nachbarn noch die Regener haben etwas gehört – nur wir! Was für ein Glück muss man aber auch haben, genau dieses Zimmer zu erwischen! Man will sie abstellen über Nacht. Es wird in der Zeit kein heißes Wasser aufbereitet. Es ist herrlich still bis 4.30 Uhr, dann läuft wieder die Turbine, aber ohne ein und aus, so wie an den ersten Tagen.

Auf den bestellten Weckruf warten wir vergeblich. Aber wir werden auch ohne diesen rechtzeitig wach und erleben die große Überraschung! Die Sonne scheint und die ganze verschneite Bergkette hinter uns wird in goldenes Morgenlicht getaucht. Wir sind nicht die ersten auf dem Dach. Die halbe deutsche Reisegruppe kriegt sich nicht mehr ein und knipst wie verrückt. Sie hatten auf ihrer ganzen vierzehntägigen Reise kein einziges Mal die Himalayaberge gesehen! Leider fährt ihr Bus nun nicht noch einmal auf den Aussichtspunkt Sangarkot. Gestern konnten sie dort gar nichts sehen. Aber es stand so auf dem Programm.

Als wir uns ebenfalls am Frühstücksbüffet bedienen, wie die deutsche Reisegruppe, die auch heute Morgen abfährt, werden wir mehrmals angesprochen, dass wir nicht bezahlt hätten. Oh, doch! Wir haben! Wir sind doch keine Betrüger! Erst als Hans mit dem Kassenbeleg zur Rezeption marschiert, entschuldigt man sich mehrfach für die Unannehmlichkeit.

Von Pokhara nach Kathmandu

Wir haben den VIP-Bus gebucht, denselben wie wir für die Herfahrt hatten, zum Preis von 25 $. Bis vorgestern hätten wir noch auf Flug umbuchen können. Das wagten wir dann aber nicht, weil der Herr im Reisebüro berichtete, dass an unserem Buchungstag nur ein Flug abheben konnte und die Passagiere ab acht Uhr morgens bis nachmittags um drei Uhr auf ihren Abflug gewartet hätten. Es sind kleine Maschinen, die auf Sicht fliegen müssen. Wenn man gar nicht weiß, ob man überhaupt wegkommt, dann ist eine kurzfristige alternative Weiterreise schwierig bis unmöglich. Es bliebe ein öffentlicher Nachtbus oder ein Privatfahrzeug mit Nachttarif, wenn man, wie wir, am nächsten Tag weiterfliegen muss.

Unser Bus lässt auf sich warten, hält aber vor dem Hotel. Die Boys, die uns erst betrügerische Absichten unterstellt hatten, bemühen sich nun sehr um uns. Man ruft nochmals an. Ja, der Bus komme. Wir können ihn schon sehen. Er stoppt auch bei uns und man nimmt uns gleich das Gepäck ab um es einzuladen. Die Fahrt geht auf der einzigen Straße, die von Kathmandu nach Westen führt, erst zügig voran. Dieses Mal genieße ich den Blick auf grüne Reisfelder und Bananenstauden und weiteres frisches Grün. Der Fluss grub sich seine immer tiefere Schlucht, je näher wir dem Zielpunkt kommen. Vor der Seilbahn, die zum allerheiligsten Tempel Manakamana führt, ist ein Megastau. Die Nepalesen fahren, wenn sie eine freie Überholspur haben, am besten in Dreierreihen nach vorne, so dass der Gegenverkehr nicht mehr passieren kann. Somit steht alles in alle Richtungen. Wir verlieren mindestens eine Stunde damit. Anscheinend ist ein Fahrzeug oder eine Gondel der Seilbahn abgestürzt, weil ein Fahrzeug mit Schlepphaken weit in die Straße hereinsteht und massenhaft Leute in den Abgrund starren. Endlich sind wir am Hindernis vorbei und essen am selben Mittagsbüffet wie bei der Hinfahrt.

Mein Sitznachbar im Bus ist Nepalese und war sechs Jahre in Deutschland in Hannover, Paderborn u. a. Jetzt lebt und arbeitet er in U. K. Wir plaudern ein bisschen und das macht mich neugierig, was er wohl für einen Beruf hat. Er lacht und meint, einen sehr gefährlichen, aber gut bezahlt. „Wenn du es nicht sagen willst … Bist Du Terrorist?", flaxe ich dann und liege nicht ganz falsch, denn mit Waffen hat er sehr wohl zu tun. Er ist in der Britischen Armee in einer Sondereinheit, die ich nicht kenne. Vermutlich etwas wie GSG9. „Bist du Gorka?" „Ja, ich bin Gorka!!", lacht er. Wir hatten erst kürzlich darüber gesprochen, dass die Besten der Besten nach England gehen, weil sie dort am meisten verdienen. 9000 verdiene er. Ich nehme an, Britische Pfund und in Deutschland habe er einen BMW gefahren und das Benzin sei ihm bezahlt worden. Er war schon fünf Mal in Afganisthan am Hindukusch. „Mein Beruf ist sehr gefährlich!", betont er. Hier, in seiner Heimat hat er sechs Tage Marsch absolviert und den Fishtail in zwei Tagen. Er ist wohl wirklich topfit!

Bodnath

Wir kommen viel später an als geplant und auch an einem ganz anderen Punkt als erwartet. Ein Taxi muss uns um die halbe Stadt fahren, bis wir vor unserem Hotel in Bodnath stehen. Schwierig, schwierig ist das letzte Stück durch die überfüllten engen Gassen um die Stupa. Hans lotst den netten Fahrer mit dem Handy-GPS bis vor die Hoteltür. Manchmal denke ich, hier kommt nur noch ein Fußgänger durch, allerhöchstens noch ein Esel! Wir hatten von den älteren Damen in Pokhara den Tipp bekommen, doch dort in der Nähe zum Stupa zu übernachten. Von hier sei es auch nicht weit zum Flughafen und die Atmosphäre um den riesigen Stupa sei abends und morgens sehr einzigartig.

Es dauert, bis wir unser Zimmer verlassen können, da Hans noch unseren Flug für morgen einchecken will. Wir möchten doch so gerne einen Fensterplatz auf der linken Seite. Dafür muss Buddha warten. Vom Hoteldach aus sehe ich ihn schon. Er schaut mich an. Schließlich blickt er in alle vier Himmelsrichtungen. Schlussendlich schaffen wir es doch noch, rechtzeitig zum Stupa zu gelangen, als viele Mönche und Gläubige den Stupa umrunden. Bei Sonnenuntergang wird getrommelt und es darf keiner mehr ins Innere des Platzes. Wir steigen auf eines der Dachterrassencafés und genießen das Rot hinter Buddhas Gesicht, das die Wolken übrig gelassen haben. Eine traumhafte Stimmung!

Hans fühlt sich fiebrig und schleppt sich gerade noch zum Essen. Einen Stoff für meinen Thangka kann ich nicht mehr kaufen, denn erstens machen die Geschäfte schon zu (viel viel früher als in Thamel) und zweitens schafft Hans das nicht. Am liebsten würde er sich gleich ins große Bett im schönen Zimmer legen.

Wir haben das teuerste Zimmer auf unserer bisherigen Reise mit 65 $ incl. Frühstück für zweimal neun Dollar. Wir verhandelten, ob wir es ohne Frühstück haben könnten, da erst ab 7.30 Uhr Frühstück serviert wird und das ist unsere Abfahrtszeit. Nein, das geht nicht. Ob wir ein Lunchpaket wollten. Nein, das wollen wir nicht. Gut, dann gebe es eben ab sieben Uhr Frühstück! Ein Taxi können wir auch gleich buchen für etwa 7.30 bis 7.45 Uhr. 700 Rupies, soviel zahlten wir durch die ganze Stadt! Hans ist nicht in der Stimmung zu verhandeln. Unser von Chinesen betriebenes Hotel ‚Lotus Gems‘ hätte sogar ein Schwimmbad mit Spa. Dafür haben wir leider keine Zeit.

Beim Abendessen im gemütlichen kleinen tibetisch ange-hauchten Lokal sitzen am Nachbartisch Leute, die gerade in Bhutan waren. Wir haben noch nie Leute getroffen, die dort waren. Sie auch nicht, meinen sie. Sie wollen aber nichts verraten, wir sollen es alles selbst erleben.

Unsere Bettdecke weist verschiedene unappetitliche Fle-cken auf, die ich nach außen wende und fotografiere. So etwas im besten Hotel!

Ein kurzer Check meiner e-mails informiert mich über eine angemahnte Zahlung vom Stromanbieter. Gerade rechtzeitig, denn ich weiß nicht, wie gut das Internet in Bhutan funktioniert. Ich kann die Rechnung nicht zahlen, denn die Tan gelangt nicht auf mein Handy. Hans über-nimmt die Überweisung, vergisst aber ein paar Ziffern der Kundennummer. Ob die das trotzdem richtig buchen können? Ein diesbezüglicher Chat wird abgebrochen und wir lassen es damit gut sein. Morgen ist Bhutan!!!

Einen Weckruf gibt es nicht, ein Frühstück ist um sieben Uhr auch nicht in Sicht. Ein Mädchen hat die Aufgabe, den Raum vorzubereiten und ich scheuche sie kräftig um-her. Man hätte uns versprochen um sieben Uhr. Alles hier sind Chinesen und kaum jemand spricht mehr als zwei Worte englisch. Ich schimpfe so laut, dass ich anschei-nend jemand auf den Plan rufe. Ein anderes Mädchen

rennt und flitzt, aber der Kaffee, bzw. das heiße Wasser
für Nescafé dauert. Wir bekommen schließlich noch alles,
außer das Büffet mit Gemüse und warmen Gerichten.

Wir sind fertig, aber Taxi steht keines da. Es ist schon
7.50 Uhr! Wir warten fünf Minuten, dann wird es Hans zu
bunt und er geht vor zur Straße. Genau als er zurück-
kommt, biegt das bestellte Taxi um die Ecke. Was für ein
Glück, dass wir uns geweigert haben, das Taxi im Hotel
im Voraus zu bezahlen. Wir rollern mit unseren Koffern
vor ans Straßeneck. Taxifahrer und Hotelwachmann, mit
dem ich noch geplaudert hatte, blicken uns vollkommen
konsterniert hinterher.

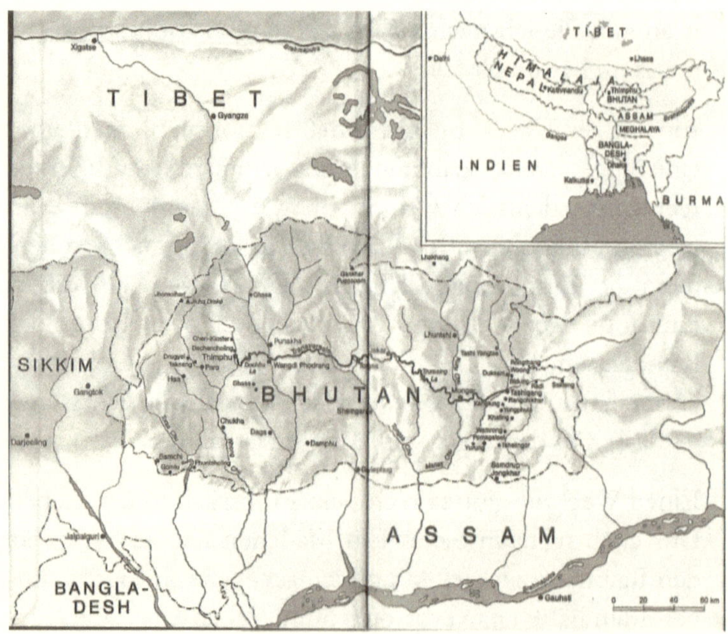

Kleine Länder am großen Himalaya

Bhutan

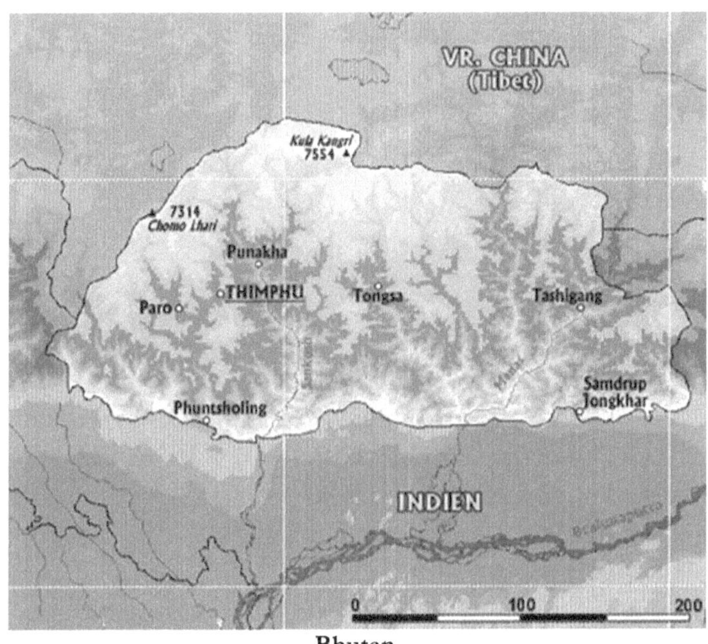

Bhutan

Wir sitzen im Wartebereich des uns beim Einchecken genannten Abfluggates. Es stehen verschiedene Ziele auf dem Display. Immer wieder werden neue Ziele aufgerufen. Unseres ist noch nicht dabei. Allmählich wird es aber Zeit! Hans verschwindet noch auf die Toilette und ich halte die Wartestellung. Zum Glück! Eine Bodenstewardess geht vorne an den Sitzreihen vorbei und ruft etwas. Sie wiederholt immer wieder etwas, das klingt wie Drucker, Drucker. Erst als sie auf „Budán" umsteigt, schalte ich, springe auf und rufe „Ja, ja, Bhutan!" Wir seien die letzten Passagiere. Man hat den Flugsteig geändert, ohne irgendwo etwas anzuschlagen oder durchzusagen. Hans kommt zum Glück gerade zurück. Was sie rief, sollte ‚Druk Air, Druk Air‘ heißen, das mit einem U gesprochen wird. Wir hatten es bisher wie ‚Drak Eer‘ klingen gehört.

Während des Fluges haben wir nur gelegentlich Sicht auf die 8.000er und den welthöchsten Berg, den Mount Everest. Wir haben die linke Reihe mit Fensterplatz gebucht, damit wir diese berühmten Gipfel möglicherweise zu sehen bekommen. Hier sind sie! Unser Sitznachbar am Gangplatz reicht mir seine Kamera und ich schieße für ihn weiße Spitzen herausragend aus weißgrauen Wolken. Seine Fotos wurden, glaube ich, besser als meine.

Der Anflug soll einer der schwierigsten weltweit sein und nur örtliche Flugkapitäne dürfen und können das. Wir fliegen ein sich schlängelndes Tal entlang. Links von uns der Himalaya. Vor uns noch ein Buckel, den der Pilot überfliegen muss, dann wenden um in die Gegenrichtung zu landen. Tolles Manöver und das bei diesigen Sichtverhältnissen!

Unsere Einreise ist problemlos, Visa werden eingestempelt. Wir bekamen sie ja vorher als e-Visa. Die Schalterbeamten sind sehr freundlich und wünschen uns einen schönen Aufenthalt. Das ist ein wirklich symphatisches Willkommen. Nun sind wir im Land des Donnerdrachens, in der Landessprache Dzongka ‚Druk-Yul‘ genannt! Seit 35 Jahren träume ich davon, dort hinzureisen. Ich hätte es immer sehr gerne mit einer Trekkingtour in Nepal verbunden. Zum einen konnte ich zu meiner berufstätigen Zeit nie zur besten Himalayareisezeit von März bis Mai oder im Oktober/November verreisen, da

dies meine Hochsaison war. Zum anderen waren die Bedingungen für eine Bhutanreise nicht günstig, denn man
durfte nur in einer Reisegruppe reisen und pro Person
einen erklecklichen Betrag als Tagespauschale bezahlen,
was mich bzw. uns immer abgehalten hat.

Nun gelten wir zwei auch als eine Reisegruppe und zur
Hauptsaison löhnen wir pro Person 250 $ täglich. Zur
Monsunzeit kommt man mit 200 $ aus.[1] Aber wer will
schon alles bei Regen besichtigen? Wer zu der Zeit auch
noch Trekking machen will, wird ohnehin darauf verzichten.

Wir begrenzten unseren Bhutanaufenthalt auf nur sieben
Tage. Immerhin ist in dieser Tagespauschale alles enthalten: Unterkünfte, Essen, Reiseführer, Fahrer mit Auto
und alle Eintritte. Wie ich eingangs schon erwähnte:
Träume muss man leben, so lange man das noch kann!
Vor 20 bis 30 Jahren, wäre das Land noch wesentlich
spärlicher von Touristen heimgesucht worden. Als das
Land 1974 für den Tourismus geöffnet wurde, sprach
man von 5.000 Besuchern. 2017 waren es bereits 150.000
im Jahr. Man muss davon ausgehen, dass der Tourismus
immer mehr zunimmt. Deshalb lieber jetzt als nie!

Was Bhutan auch von anderen Ländern unterscheidet, ist
sein „Bruttonationalglück", hervorgegangen aus dem
Vorgänger, dem „Bruttosozialglück". Dafür werden Ge-

---

[1] Seit Ende September 2022 darf man nach der Coronapandemie
wieder einreisen. Man hat die Tagespauschale von 200 bzw. 250 $
abgeschafft. Stattdessen wird eine verdreifachte Tourismussteuer
erhoben in Höhe von 200 $ (bisher waren 65 $ in der Tagespauschale
enthalten). Hinzu kommen für den Aufenthalt alle sonstigen Kosten
wie Unterbringung, Mahlzeiten, Touren, Guide, Eintritte etc.

sundheit, Lebensstandard und das Wissen um Legenden und Mythen erfragt, auch der Bildungsstand wird ermittelt. Außerdem zählt, wie sehr der Mensch im Einklang mit der Natur lebt. Ein Gesetz stellt sicher, dass 60 Prozent Bhutans mit Wald bedeckt sind. Rauchen ist überall im Land verboten.

Ich habe schon zu der Zeit, als mein Wunsch nach Bhutan zu reisen aufkeimte, einen Reiseführer geschenkt bekommen. Er datiert vom Jahr 1988! Immerhin lese ich darin, dass man damals schon $ 200 pro Person und Tag verlangte, um den Tourismus in Grenzen zu halten. Erst 1974 begann sich das Land unter dem damals neuen König Jigme Singye Wangchuck für den Tourismus zu öffnen. Sein Vater, König Jigme Dorji Wangchuck hielt nicht viel davon, da er befürchtete, dass dies die Bhutanesen verändern würde und ihre alten Traditionen gefährden könnte.

Über Jahrhunderte war Bhutan von der Außenwelt fast abgeschnitten. In den sechziger Jahren wurden die ersten Straßen gebaut, erst 1999 kamen Fernsehen, Handys und Internet ins Land. Die Kultur des Landes, die sich in der Isolation ausprägte, ist bis heute präsent, etwa durch die Gebetsmühlen, Schreine und Stupas, die überall in den Tälern stehen. Viele Menschen erzählen von Berggöttern und guten, aber auch von bösen Geistern.

Wir werden abgeholt von unserem Guide. Wir begrüßen ihn mit unserem brav gelernten „Gususangpo-la". Das ‚La' hängt man als Höflichkeitsform immer hinten an und benutzt es für ältere und höhergestellte Personen. Da weder das eine noch das andere zutrifft, lasse ich in Zukunft unseren Begleitern gegenüber das ‚La' weg. Diese „La-isierung trieb unter Ausländern lustige Blüten, denn man fing an, auch an englische Wörter diese Höflichkeitssilbe anzuhängen. So hört man immer wieder einmal ‚sorry-la'. Unser Fahrer ist draußen zu Stelle und hat ein ausgesprochen freundliches Gesicht. Er sollte sich auch als sehr lieber und aufmerksamer Mensch herausstellen.

Das Himalayaland Bhutan besteht hauptsächlich aus Bergen, Bergen und in den Tälern wachsen ein paar Ortschaften mit Gemüsefeldern. 90 % des Landes liegen über 1000 m/NN, 80 % über 2000 m/NN. und es geht hinauf auf über 7000 m Höhe. Die meisten Menschen der etwa 740.000 Einwohner leben in den Tälern. Mit einer Fläche von unter 39.000 km² ist Bhutan lediglich ein wenig größer als Baden-Württemberg und in etwa so klein wie die Schweiz. Mit seiner Einwohnerzahl ist es nicht einmal ein Zehntel so stark besiedelt wie das deutsche Bundesland. Es ist nicht nur bergmäßig zwischen Riesen eingezwängt, sondern auch zwischen den zwei sehr großen Ländern China (Tibet) und Indien (Westbengalen, Sikkim, Arunachal Pradesh und Assam).

Das Land des Donnerdrachens ist in vielen Dingen sehr abhängig von Indien. [2] Das Bildungswesen wird von Indien gesteuert. So bekommen die Colleges den Lehrplan und die Prüfungsaufgaben aus New-Delhi. Auch die akademischen Titel werden von Indien verliehen. Wirtschaftlich ist es sehr abhängig vom großen indischen Bruder. Obwohl der Tourismus gute Einnahmen liefert, kann

---

[2] Auch eine Deutsche Botschaft gibt es für Bhutanreisende nur in Delhi, Indien. Also, bloß keinen Reisepass verlieren!

Bhutan mit Stromlieferungen an den Nachbarn die wichtigsten Einkommen erzielen. Auch beim Zahlungsmittel merkt man die enge Nachbarschaft. Die offizielle Währung ist der Ngultrum, der aber äquivalent zu der Indischen Rupie gehandelt wird.

Thimphu

Wir werden in einem großräumigen modernen Toyota von Paro nach Thimpo, in die Landeshauptstadt gefahren. Das wird eine Stunde dauern. Die Landschaft ist karg und weist viele steile bräunliche Hänge auf. In der Nähe von Thimpo wird es schon ein wenig grüner und ich entdecke gelegentlich Gemüsegärtchen und bald auch einige wenige Reisterrassen. Eben ist hier rein gar nichts. Der Himalaya mit seinen Ausläufern lässt grüßen! Die Stadt liegt auf einer Höhe von 2.320 m über NN. Der Reiseführer von 1988 beziffert die Einwohnerzahl auf 20.000. Inzwischen sind es 100.000. Das Wetter ist leider nicht so freundlich und nach dem Mittagessen sollte es auch zu regnen beginnen.

„Ihr habt bestimmt Hunger!“, nimmt uns unser Guide Kinley gleich jede Entscheidung ab. „Nicht so sehr! Wir haben ja im Flugzeug etwas bekommen und gefrühstückt haben wir auch.“ Wir bekommen aber Lunch, den er telefonisch vorbestellt hat in einem pieksauberen Lokal in der Stadt. Gemüse, Huhn und roter Reis kommen auf dem Tisch. Alles schmeckt gut und frisch zubereitet. Unser Führer und Fahrer sitzen nicht mit uns am selben Tisch. Sie scheinen in der Nähe der Küche versorgt zu werden.

In der betriebsamsten Stadt von Bhutan gibt es keine einzige Ampel! Ein Polizist regelt den Verkehr – wenn nötig.

Dann können wir im Hotel „Namgay Heritage“ einchecken. Uns erwartet ein wunderschönes Gebäude im alten Bhutanesischen Stil mit geschnitzten Fensterrahmen und viel Malerei im hohen freien Innenhof. Unser Zimmer ist auch im landestypischen Flair gehalten und zum Teil holzgetäfelt. Es hat gute Betten, ein fast modernes Bad mit heißem Wasser. Sogar Internet per W-Lan haben wir und wie inzwischen weltweit üblich, gibt man uns gleich das Passwort. Damit hätte ich am allerwenigsten gerechnet!

Folk Heritage Museum

Nach einer kleinen Rast machen wir uns auf den Weg zum Touristenprogramm. Kinley hat umdisponiert und organisiert für heute nur Indoor-Besichtigungen. Ein kunsthistorisches Museum steht auf dem Plan. Das in einem Bauernhaus aus dem 19. Jh. untergebrachte ‚Folk Heritage Museum' zeigt, wie man vor 100 Jahren in Bhutan gelebt hat. Das Gebäude selbst ist schon Teil des Museums.

Haushaltsgeräte, wie man sie früher verwendet hat, werden uns von einer jungen Dame in ausgezeichnetem Englisch erklärt. Ein riesiger länglicher Mörser ist zu sehen. Weiter eine Essensschale aus Holz, bestehend aus zwei Teilen, je eine Hälfte für Mann und Frau, die aufeinander gefügt werden können. Die Schale wurde nicht gereinigt, aber überallhin mitgenommen, denn man wollte nicht aus fremden Tellern essen.

Ein junger verkrüppelter Mann schnitzt die traditionellen Figuren und Masken mit den Füßen und durch den Verkauf sichert er sich seinen unabhängigen Lebensunterhalt. Eines der Symbole der acht Tugenden des Buddhismus – das Mitgefühl – spricht uns in Form und Farbe an und wir kaufen ihm dies zu einem überhöhten Preis ab und tun damit ein gutes Werk.

Nationalsport Bogenschießen

Den Nationalsport Bogenschießen dürfen Touristen auch mal probieren. Abstand: etwa fünf Meter. Eine indische Reisegruppe probiert das auch ausgiebig. Hans wartet geduldig. Ich verzichte (auf eine Blamage). Am nächsten Tag beobachten wir Bhutanesen beim Bogenschießen. Sie schießen auf eine Entfernung von 150 Meter. Sie sehen die Zielscheibe gar nicht. Ich habe schon gehört, dass das eine Art Meditation ist. Man muss sich mental voll und ganz auf das Ziel fokussieren, dann folgt – ganz im Sinne von Mentaltraining – das Geschehen dem Gedanken. „Pfeil und Bogen sind mehr oder weniger ein Vorwand für etwas, was sich auch ohne sie ereignen könnte. Es ist nur der Weg zu einem Ziel, nicht das Ziel selbst."[3] Man solle mit Pfeil und Bogen nicht äußerlich etwas ausrichten, sondern mit sich selbst innerlich. Der Mensch solle eins werden mit der allumfassenden letzten Wahrheit.

Zwei Teams treten gegeneinander an. Der Wettstreit kann drei Tage dauern. Wenn jemand getroffen hat, tanzen die Mitglieder des Teams einen ursprünglichen Tanz. Sie springen in die Luft, drehen sich im Donnerkeilschritt, sie jubeln und schreien. Der Sieg ist symbolisch für die Einkehr in das innerste Selbst als letzte Vereinigung der Welt mit der Überwelt. Nur wer sich der Kraft, die ins Ziel führt, unterstellt, kann Meister werden.

Das Bogenschießen war einst in Tibet eine tiefreligiöse Zeremonie und höchste Kunst. Das gilt auch heute für Bhutan, Sikkim, Ladakh und Japan. Es wird von Lamas genauso wie von Laien praktiziert und entbehrt nicht ei-

---

[3] Kunst-Reiseführer Bhutan: Dr. Bonn, Gisela

ner gewissen Mystik. Der Bogen ist weit gespannt – das ist auch symbolisch zu sehen für die Breite der Daseinsformen. Bevor die Schützen auf den Platz gehen, beten sie für den Sieg und bringen Opfergaben: Früchte, Kuchen, Getränke und Öllichter zum Dorftempel und drehen die Gebetsmühlen und murmeln das heilige Mantra: ‚Om Mani Patme Hum‘ – oh du Kleinod im Lotus. Es bedeutet westlich ausgedrückt, den Schutz vor Ungutem, genauso Taten wie Eigenschaften, und soll Freude und Glück zu dem Betenden bringen. ‚Om‘ heißt Anfang , ‚Hum‘ Ende.

Om Mani Patme Hum

Einmal noch brauchen wir unsere Regenschirme als wir das ‚Changangkha Monastery‘ mit riesigen Gebetsmühlen umrunden. Es ist ein wunderschöner landestypischer Bau mit den hübschen geschwungenen Dächern. Das Kloster stammt aus dem 12. Jh. und ist der älteste Tempel in Thimphu. Es hängt über einem steilen Abgrund. Lama Phajo Drukgom Zhigpo, der aus Tibet kam, wählte diesen Platz um dieses ‚Lakhang‘ ein Fort, zu bauen. Mich zieht es zu den großen Gebetsmühlen hin, die unser Guide rechts liegen gelassen hätte. Ich habe aber das Gefühl, hier die wirklich Gläubigen, die trotz des schlechten Wetters am Boden sitzend beten, zu stören.

Die riesengroße goldene Buddhafigur, die über dem Tal und der Stadt thront, werden wir morgen besichtigen.

Die traditionelle Weberei befindet sich im Trockenen. Sechs Frauen sitzen auf dem Boden vor ihren Webstühlen und weben teils die kompliziertesten Muster in Seide, teils in Baumwolle. Das werden traditionelle Gewänder, Tischdecken, Tischläufer oder Wanddekoration. Insgesamt arbeiten neun Frauen im Wechsel hier. Ihre Arbeitszeiten von 9 bis 17 Uhr mit einer Stunde Mittagspause klingen vernünftig. Sie bekommen einen monatlichen Lohn und Kommission vom Verkauf, zum Teil bis zu 50 %. Ich hoffe, diese Angaben stimmen, denn ich muss unserem Guide jede Information aus der Nase ziehen.

Zu seinen Gunsten kann ich sagen, dass er sehr bemüht ist, auf unsere Wünsche einzugehen. Immer fragt er, ob uns dieses oder jene gefalle, ob wir eine Rast bräuchten etc. Der Gast ist König! Dieses Gefühl wird uns vermittelt – auch vom Fahrer, der immer die Türe aufhält und um unseren Komfort besorgt ist, auch wenn er fast kein Englisch spricht. Aber jeden Tag, oder bei Bedarf öfter, steckt eine neue Wasserflasche in der Armlehne.

Wir erstehen keines der Kunstwerke. Andere Touristen sind da besser fürs Geschäft und kaufen meterlange kunstvolle Seidenware.

Nun haben wir „frei“ bis zum Abendessen. Auf dem Plan steht, dass wir das Stadtzentrum auf eigene Faust erkunden dürfen. Überall bestaune ich die kunstvoll gestalteten Häuser mit den typischen Holzfenstern. Fast alles wirkt hier sehr gepflegt und frisch renoviert.

Wohn- und Geschäftshaus in Thimphu

Wir werden noch merken, dass wir hier regelrecht gemästet werden. Mit drei vollen Mahlzeiten verwöhnt man uns im Lande des Donnerdrachen. Das Essen ist gut und beinhaltet immer frisches Bio-Gemüse, knackig gekocht, u. a. ‚Firn‘, das dem ‚Morning Glory‘ in Laos ähnelt. Das ist ein grünes Gemüse wie Spinat, nur mit mehr Stängeln. Es gibt Brokkoli, Karotten, Tomaten, roten Reis, gewürzte Kartoffeln und Hühnchen in je nach Lokal verschiedenen Soßen. Eine scharfe Chillisauce wird extra dazu gereicht. Sehr lecker alles! Und da es in Büffetform angeboten wird, kann man sich nehmen so viel man will und isst zu viel. Zumindest mache ich das. Roter Reis und Chillies dürfen in Bhutan nie fehlen. Roter Reis gilt bei uns als Alternative zu den umstrittenen Cholesterinsenkern auf der Basis von Statinen. Wir probieren gleich einmal das lokale Bier. ‚Red Rice Beer‘ und Wheat Beer‘, das aber mit unserem Weizenbier nichts zu tun hat. Aber alle sind trinkbar. Ein bhutanesisches Ale probieren wir nicht, genausowenig wie einheimischen Rot- und Weißwein.

Buddhapoint

Unser zweiter Tag sieht wettermäßig schon ganz anders aus! Die Sonne strahlt am blauen Himmel und gibt das volle Panorama frei. Das ist der richtige Moment für den Besuch der riesigen Buddhastatue. Sie ist 52 Meter hoch und strahlt golden. Das Material ist jedoch Bronze und kam stückchenweise aus China. Die ganze Statue ist ein Geschenk der chinesischen Regierung an Bhutan und wurde erst 2012 fertiggestellt. Im Innenraum arbeitete man 2014 noch daran, wie wir in unserem Bhutan-Reiseführer [4] lesen können. Buddha blickt nach Osten, um das Tal und die Stadt zu beschützen. Imposant ist auch der Innenbereich. Dort stehen Hunderte von kleinen, lauter gleichen Buddhastatuen. Sie stellen alle die Position des Gegenwartsbuddhas dar. Hier wohnen auch Mönche und im Hauptgebäude unterhalb der Statue hat der Obermönch, wenn er hier ist, seinen Wohnbereich. Zu den großen Feiertagen Anfang Oktober kommen auf den Vorplatz 20.000 Gläubige um seine Rede zu hören. Die Informationen unseres Guides fließen spärlich bzw. ohne Nachfragen rein gar nicht. Als ich am nächsten Tag durch die Erwähnung meiner schriftstellerischen Tätigkeit Kinleys Redefluss in Gang bringe, muss ich aber beschämt feststellen, dass ich mir so viele Details und Informationen gar nicht merken kann.

---

[4] Sonntag Beatrice; Bhutan entdecken

Den Buddhismus im Lande hat man Padmasambhava, genannt Guru Rinpoche, zu verdanken, der im achten Jahrhundert in Pakistan geboren, über Indien hierher kam und das Land sozusagen missioniert hat. Guru Rinpoche wird als zweiter Buddha oder als Reinkarnation des Gautama Buddha betrachtet. Es gibt viele Legenden über ihn. Man schreibt ihm acht verschiedene Manifestationen zu. Jeder Ort, an dem er meditierte, gilt als heilig.

Wangditse Hike

Wir machen eine Wanderung, den ‚Wangditse Hike‘ vom Radiosender aus. Wir befinden uns nun auf einer Höhe von 2700 m. Die Stadt Thimphu liegt auf 2400 bis 2500. Ich merke, dass mir bergauf die Puste ausgeht. Das kann ja heiter werden auf der Wanderung zum Tiger's Nest! Herrlich ist der Höhenweg hier und es finden sich immer wieder jede Menge **Gebetsfahnen**. Sie symbolisieren die fünf Elemente:

> Rot = Feuer,
> Weiß = Luft,
> Blau = Himmel/Äther,
> Grün = Wasser,
> Gelb = Erde.

Findet man ausschließlich weiße Fahnen, bedeuten diese Totenfahnen für einen Verstorbenen. Insgesamt sind es 108 Fahnen pro Verschiedenem. An einem Mast befinden sich 18 Stück, insgesamt sind es sechs Masten. Das wünsche ich mir auch wenn ich tot bin!

Man stellt sie an möglichst hohen Punkten auf, möglichst nahe am Himmel, damit die guten Wünsche für die Seele des Verstorbenen auch das Licht, den Himmel, das Nirwana erreichen.

Auch die bunten Flaggen für die fünf Elemente stellt man gerne an hoch gelegenen Stellen auf aus denselben Gründen. Die Gebete, das Mantra ‚Om Mani Padme hum‘, das Freude wünscht, soll in den Himmel getragen werden und vor allem Schlechten schützen. Die Gebete sollen bewirken, dass alle Übel hinweggefegt werden. Wünsche sollen zum Himmel hinaufgetragen werden, weshalb man sie eben häufig auf erhöhten Punkten findet. Viele Gebetsfahnen werden u. a. über Brücken aufgehängt um diese vor Unbill zu schützen.

Am Umkehrpunkt unseres kurzen Hikes befindet sich ein kleines Kloster, das ‚Wangditse Goemba‘, das sich gerade im Neubau befindet. Es war ein altes Kloster und wird nun für eine größere Anzahl von Mönchen erweitert. Eine alte Frau umrundet Gebete murmelnd ein kleines Gebäude und bedeutet mir, auch im Uhrzeigersinn herumzulaufen.

Einen kleinen Zoo mit einheimischen Tieren wie das Takin gibt es noch zu besichtigen. Ein interessantes Tier zwischen Kuh und Hirsch. Außerdem die Himalayaziege, die dunkler ist als die spanische ‚Cabra de Monte‘ (Bergziege) oder unsere alpenländische Gemse. Meine Skepsis hinsichtlich eingesperrter Tiere entkräftet Kinley. Nach hinten wäre das Terrain offen, nur nach vorne zur Talseite sei es eingezäunt. Was wisse ja nie, was den Tieren einfällt (oder den Menschen …)

Changangkha Kloster

Es bleibt noch Zeit für den Besuch des ältesten Klosters von Thimphu. Das festungsähnliche Changangkha Lhankhang wurde im 12. Jh. erbaut. Es hängt über einem Felskamm über Thimphu, Nähe Motithang. Von hier oben hat man einen herrlichen Blick über Thimphu. Der Lama Phajo Drukgom Zhigpo, der aus Tibet kam, wählte diesen Platz um diesen Tempel zu bauen. Die zentrale Figur des Klosters ist eine elfköpfige, tausendarmige Manifestation von Chenrezig.

Die Mönche hatten großen Einfluss. Die Dzongs waren nicht nur Klöster sondern auch Forts.

Zeit für Lunch. Heute werden wir in einem anderen Restaurant verwöhnt. Wieder gibt es viel frisches Gemüse und ein wenig Hühnerfleisch, sehr lecker zubereitet. Dazu serviert man Reis. Immer steht eine Schale mit scharfer roter Chilli-Sauce bereit.

Kunstakademie

Wir dürfen auch die Kunst- und Malschule besichtigen. Im ersten Raum formen etwa zehn Studenten am Boden sitzend Buddhaköpfe aus Gips. Eine andere Gruppe modelliert die Körper. Die Struktur ist genau vorgegeben. Im Nebenraum liegen fertig zusammengefügte Buddhafiguren. Manche verlieren aber leider ihren Kopf, was auch Kinley zum Lachen bringt. Das gefällt mir am Buddhismus: Man nimmt nichts, auch nicht den eigenen Glauben mit seinen äußeren Formen so verbissen ernst, auch wenn es an Ernsthaftigkeit beim Gebet und den Ritualen nicht mangelt.

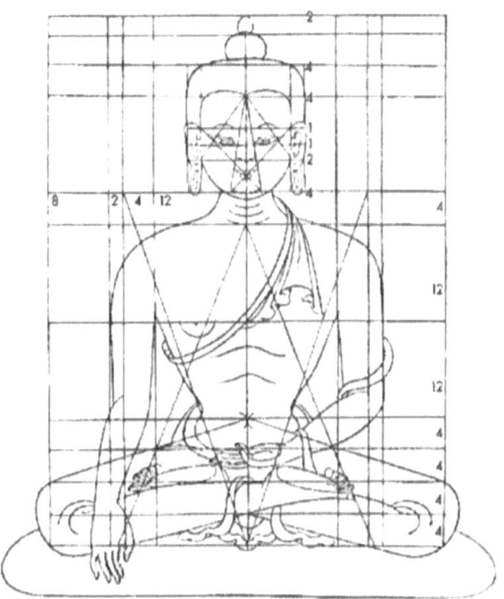

Der Historische Buddha, eingezeichnet in ein ikonografisches Netz

Ich muss dringend auf die Toilette und dieses Bedürfnis gibt mir ungewollt Einblicke in ein anderes Bhutan. Kinley will mich davon abhalten, gleich hier zu gehen und ich solle warten, bis wir draußen sind. Draußen gäbe es saubere, touristentaugliche Toiletten. Hier zweifelt er: „I don't know if clean or not." Vor einem großen Raum liegen zig Paare Sandalen. Die Tür ist so weit geöffnet, dass ich einen Blick auf einen großen Schlafsaal werfen kann. Es könnten an die hundert Betten sein, die kreuz und quer im Saal stehen. Dieser hier ist der Mädchenschlafsaal. Es gibt noch extra einen (oder mehrere?) für die Jungen. Da es viel mehr männliche Studenten hier gibt als weibliche, mag ich mir gar nicht vorstellen, wie groß und chaotisch dieser oder diese sein müssen. Die Toiletten sind im indischen Stil. Ein Abtritt mit geriffelter Stellfläche für die Füße und dazwischen ein Loch im Boden.

87

Das Wasser kommt aus komplizierten Schlauchsystemen, die zuerst große Wassertonnen speisen und dann auf wundersame Weise auch die kleineren Behälter in den Toiletten füllen. Man schöpft mit einer Art Messbecher das Wasser ins Klo. Ich bin das von etlichen Indienreisen gewöhnt und es schockt mich nicht. Die westlichen Toiletten gibt es nur dort, wo Touristen üblicherweise hingeführt werden.

Kinley meint, dass die meisten Studenten nach Hause fahren könnten und nur die wenigsten hier wohnten. Wie viele Studenten müsste dann diese Kunstakademie insgesamt haben, wenn schon so viele hier wohnen??? Vielleicht sollen wir nicht alles so genau erfahren!

Im Zeichenraum sitzen etwa 20 Studenten. Da wir hier schon wieder die Schuhe ausziehen müssten, begnügen wir uns mit einem Blick in den Raum. Ich möchte auch ungern die jungen Leute bei ihrer Konzentration stören. Vielleicht meine aber auch nur ich als Westlerin, dass man dabei gestört werden kann. Möglicherweise sind die Bhutanesen schon so buddhistisch erleuchtet und gereift, dass sie nichts aus ihrem inneren Gleichgewicht bringen kann.

Auch die Holzschnitzer lassen sich nicht stören von den Touristen, die auf die am Boden Sitzenden herabsehen und sich gegenseitig auf die Füße treten.

Das Thimphu Dzong

Das Kloster Tashichhodzong (Thimphu Dzong) ‚fortress of the glorious religion‘ dürfen wir erst am späten Nachmittag besuchen. ‚Dhzong‘ bedeutet eigentlich Festung und so sehen die Klöster auch aus. Dieses war 1641 nach einem zerstörerischen Brand wiedererbaut worden, (das ursprüngliche Kloster stammte aus dem 13. Jh.) Nach einem Erdbeben 1897 mussten einige Gebäudeteile komplett erneuert werden. Seit 1952 ist es Regierungssitz. In den 60er Jahren wurde es vom dritten König Jigme Dorji Wangchuck restauriert und dabei vergrößert. Es wurde immer Wert darauf gelegt, die authentische Bauweise beizubehalten. Z. B. werden die Fenster heute noch ohne Schrauben und Nägel gezimmert. Wenn man sieht, wieviel geschnitztes und bemaltes Holz hier verbaut ist, wundert es einen ohnehin, dass es so lange erhalten blieb und bleibt. Eindrucksvoll, sehr imposant! Das Kloster beherbergt auch die Regierung mit einigen Ministerien, das königliche Sekretariat und die Mönche bzw. Mönchsschüler. Also eine Symbiose von Weltlichem und Religiösem. Wir dürfen den Haupttempel besichtigen, die Büros in anderen Gebäudeteilen sind für uns tabu.

Thimphu Dzong Außenansicht

Um 17.15 geht's weiter. Besuchszeit ist nur bis 18.30 Uhr, da man danach die Mönche nicht beim Beten stören darf.

Das Königshaus Wangchuck

Der erste König Gongsar Ugyen Wangchuck, genannt ‚Druk Gyalpo', der Drachenkönig, wurde 1907 inthronisiert und er schaffte es, das Land wieder zu einen und begründete die Monarchie mit der Wangchuck-Dynastie, die noch heute den König stellt.

Der zweite König Jigme Wangchuck war für totale Abschottung um auf keinen Fall fremde und vielleicht schädliche Einflüsse ins Land zu lassen.

Der dritte König Jigme Dorji Wangchuck bereitete das moderne Bhutan vor, rief viele Reformen ins Leben und ließ viele Schulen bauen. Er starb sehr früh mit 48 Jahren und deshalb wurde der vierte König 1972 der jüngste König der Welt mit 17 Jahren.

Der vierte König Jigme Singye Wangchuck proklamierte die ‚Cross Happiness'. Das Bruttonationalglück stützt sich auf die folgenden vier Pfeiler:

1. Gerechte Regierung
2. Gesunde Umwelt
3. Bewahrung der Traditionen
4. Ausgewogenes und sozialverträgliches Wirtschaftswachstum

Der vierte König trieb die wirtschaftliche Entwicklung, den Bau von Krankenhäusern und Bildungseinrichtungen sowie die Demokratisierung voran. 1974 begann die Öffnung für den Tourismus und 1983 nahm die erste Bhutanesische Fluglinie ihren Betrieb auf.

Dieser König übergab 2006 seinem Sohn frühzeitig (er war erst 51 Jahre alt) den Thron und 2008 fand die offizielle Krönungsfeier statt.

Der fünfte König Jigme Khesar Namgyel Wangchuck regiert in seines Vaters Sinne weiter und sorgte 2016 für die Nachfolge. Die Geburt des Sohnes von seiner hübschen Frau Jetsun Pema (eine Bürgerliche) im Jahr 2016 war ein nationales Ereignis und wurde vom ganzen Volk gefeiert.

Bei dem Paar handelt es sich um eine anrührende Liebesgeschichte, wie sie am besten nur das Leben selbst schreiben kann. Selbst Hollywood hätte sich die unglaubliche Romanze zwischen König Jigme und Königin Jetsun nicht ausdenken können.

Es ist das Jahr 1997: Die Pilotentochter Jetsun Pema ist gerade einmal sieben Jahre alt, als sie bei einem Picknick Kronprinz Jigme kennenlernt. Es mag ungewöhnlich klingen, aber für den 17-Jährigen ist es Liebe auf den ersten Blick. Das schüchterne Mädchen mit den geheimnisvollen Mandelaugen hat es ihm einfach angetan.

Der Thronerbe von Bhutan ist sich so sicher, dass Jetsun seine Seelenverwandte ist, dass er noch an Ort und Stelle auf die Knie fällt und erklärt: „Wenn du erwachsen bist, und wir beide nicht vergeben sind, möchte ich, dass du meine Frau wirst."

Am 20. Mai 2011 verkündet König Jigme bei einer Parlamentsversammlung seine Verlobung mit der 19jährigen Jetsun Pema. „Obwohl sie jung ist, ist sie warmherzig und hat ein gutes Herz und einen guten Charakter", begründet er seine Wahl.

König Jigme und Königin Jetsun[5]

Fünf Monate später heiratet das Paar in einer traditionellen Zeremonie. Die Hochzeit wird zu einem riesigen Spektakel. Das ganze Land ist zu den dreitägigen Feierlichkeiten eingeladen, 500 Künstler zeigen ihr Können.

---

[5] Quelle: Internet, Königshaus Bhutan

Das Königspaar mit dem „Drachenbaby"[6]

Dreijahriger Kronprinz Jigme, der Drachenprinz am 27. Mai 2019

Mit der Geburt ihres kleinen Jigme Namgyel am 5. Februar 2016 war ihr Glück perfekt. Aus Freude über dieses besondere Ereignis wurden in Bhutan 108.000 Bäume

---

[6] Quelle: Internet, Königshaus Bhutan

gepflanzt. Gemeinsam lebt die kleine Familie im Lingkana Palast in Thimphu.

Mittlerweile wurde ein zweiter Sohn geboren. Prinz Jigme Ugyen Wangchuk erblickte am 19. März 2020 das Licht der Welt.

Prinz Jigme Ugyen Wangchuck am 1. Geburtstag

Alle Könige, einschließlich des zukünftigen, dekorieren einen Speise-raum

Bhutans Werdegang

Das Land war ursprünglich bekannt unter dem Namen ‚Die Täler des Südens‘ oder ‚Die südlichen Täler der Heilkräuter‘, oder die ‚südlichen Täler wo das Sandelholz wächst‘ und noch viele Namen mehr. Der Namensteil ‚Mon‘ kam häufig vor, der bei den Tibetern Mongoloid bedeutete, d. h. die nichtbuddhistischen Menschen, die den Süden des Himalayas bevölkerten. Das Land wurde im 17. Jh. bekannt als ‚Druk Yul‘ oder Land der ‚Drukpas‘, welches die dominante Religionssekte des Buddhismus war.

Ebenfalls im 17. Jh. wurde das Land von Zhabdrung Ngawang Namgyel vereint, indem er drei tibetische Invasionen niederschlug und ein Rechts- und Regierungssystem einführte. Er führte die kleinen Fürstentümer zu einen Land zusammen und ebnete dem heutigen Bhutan den Weg. Nach seinem Tod fiel das Land in Kämpfe und Bürgerkriege, die lokale Führer gegeneinander ausführten. Das Land bestand ja aus vielen verschiedenen Fürstentümern. Jedes Dzong war so etwas wie ein eigenständiges Territorium und jedes Tal mit seinem eigenen Fort und gleichzeitig Kloster (Dzong) kämpfte gegeneinander. Diese Unruhen dauerten bis Trongsa Penlop Ugyen Wangchuck durch seinen Führer- und Kampfgeist ein Ende machte. Er wurde der erste König Bhutans im Jahre 1907. Er war ‚Druk Gyalpo‘, der Drachenkönig. Er begründete die Wangchuck-Dynastie, die bis zum heutigen Tag regiert.

2008 gab es eine Verfassung und Bhutan wurde konstitutionelle Monarchie und die Demokratie wurde eingeführt um die Bewohner besser in ihren Rechten zu schützen. Im November 2008 wurde der heute noch regierende fünfte König ‚Druk Gyalpo Jigme Khesar Namgyel Wangchuck' gekrönt.

Von Thimphu nach Punakha

An unserem dritten Bhutan-Tag genießen wir eine herrliche Fahrt über den 3.100 m hohen Pass. Die ganze Bergkette des Himalaya leuchtet hier weiß in den strahlend blauen Himmel. Viele sind um die 7000. Der höchste ist 7.506 m.

Die Fahrt ist eindrucksvoll und die Landschaft wird immer grüner. Jetzt im Frühling sprießt alles in hellem frischen Grün. Weiter oben kommen die berühmten Rhododendron-Wälder. Die ersten Sträucher blühen schon in kräftigem Rot. Die größeren, richtigen Bäume lassen mit der Blüte noch auf sich warten. Ganz oben an den Hängen haben es auch ein paar gewagt, sich zu öffnen. Sogar einen rosablühenden Baum entdecken wir.

Die Himalayakette präsentiert sich bei strahlendstem Sonnenschein und blauem Himmel mit optimaler Sicht. Die 108 Chorten die hier errichtet wurden, könnten nicht fotogener sein mit diesem malerischen Hintergrund. Es sind Gedenkstätten, die die Königinmutter für das erfolgreiche Bekämpfen von indischen Terroristen errichten ließ. Auf jeder dieser Stupas sind Abbildungen eingelassen von Buddha, verdienten Mönchen und auch von Rinpoche, der offiziell als Begründer des Buddhismus im achten Jh. gilt. Der Buddhismus war erstmals im siebten Jh. vom tibetischen König Songtsen Gampo eingeführt worden. Zhabdrung Nawang Namgyal kam 1616 aus Tibet und erst er machte durch buddhistische Schulen Bhutan zu einem buddhistischen Land mit seinem eigenen Charakater. Er vereinte auch das Land mit seinen vielen einzelnen und verstreuten Fürstentümern.

In der Damentoilette erlebe ich etwas Amüsantes. Es gibt drei Kabinen, vor denen sich Schlangen bilden. Zwei davon sind Stehklos, ein Klo ist westlich. Ein Stehklo wird frei. Eine Amerikanerin kreischt in den höchsten Tönen entsetzt: „Oh, oh my God, I prefer waiting!" Lieber wartet sie, als auf ein landestypisches Klo zu gehen! Ich nutze die Gunst der Stunde und katapultiere mich ohne Wartezeit an einer Gruppe Amerikanerinnen vorbei.

Auf dem Rückweg am nächsten Tag werden wir wettermäßig nicht mehr ganz so viel Glück haben, aber trotzdem so viel mehr der herrlichen Himalayabergkette sehen als Tausende anderer Touristen an vielen Tagen des Jahres.

Unterwegs bekommt Kinley einen Anruf von unserem letzten Hotel, dass wir ein Buch vergessen hätten. Ich habe absichtlich einen ausgelesenen Roman dort liegen lassen, aber man ist so ehrlich und telefoniert sogar dem zugehörigen Guide hinterher. Das gibt einen guten Eindruck vom Land!

Insgesamt dauert die Fahrt ohne Stopps etwa dreieinhalb Stunden. Punakha liegt auf nur 1300 m über NN.

Punakha Dzong

Das Kloster von Punakha am Fluss war das zweite
‚Dzong‘, das in Bhutan 1637 von Shabdrung Ngawang
Namgyal erbaut wurde. Shabdrung ist ein Ehrentitel und
heißt so viel wie „derjenige, dem man sich zu Füßen
wirft“. Er wurde der höchste Herrscher des Landes und
schaffte es, Bhutans Täler unter eine Zentralverwaltung
zu stellen. Sein Vermächtnis ist überall im Land sichtbar,
denn er ließ viele Dzongs als Sitz für kirchliche und weltliche Herrschaft erbauen. Es ist das zweitgrößte Dzong
des Landes.

Auch dieses Kloster ist dualer Regierungssitz und vereint
weltliche und religiöse Herrschaft. Eingeführt wurde dieses System im 17. Jh. und 1907 wurde der erste König
Gongsar Ugyen Wangchuck hier inthronisiert. Männlicher
und weiblicher Fluss (Pho Chu and Mo Chu) fließen an
dieser Stelle zusammen. Der männliche Fluss hat das
Kloster überschwemmt und musste auf Betreiben des
vierten Königs Jigme Singye Wangchuck komplett neu
aufgebaut werden. Erst seit kurzem ist es wieder neu her-
gestellt. Auch vorher war es oft Opfer von Erdbeben und
Feuer geworden.

Wir überqueren die längste Hängebrücke Bhutans, die
‚Pho Chu Suspension Bridge‘, die laut Angaben unseres
Guides 200 m lang ist. Im Reiseführer steht sie mit 150 m.
In der Mitte schwankt sie ganz schön, aber man hat einen
herrlichen Blick auf das ‚Punakha Dzong‘ und das ‚Pho
Chu Tal‘. Kinley, unser Guide, ist wie immer viel schneller
und als wir drüben ankommen, genehmigt er sich bereits
ein Bier.

Punakha Dzong am Fluss

Chimi-Lhakang

Ein ganz besonderer Guru muss Drukpa Kinley gewesen sein, denn er lehrte nicht irgendeine Enthaltsamkeit, auch und schon gar nicht sexueller Natur. Im ‚Chimi Lhakhang' und auf dem wunderschönen Fußweg durch Reisfelder dorthin findet man überdimensionale Phallusse, oft kunterbunt an Wände gemalt oder als bemalte Holzfiguren. Manche Darstellung mit lustig sprudelnden Samenbläschen wirken regelrecht obszön. Das hätte man in der Nähe einer heiligen Stätte nicht erwartet. Der Besuch dieses Klosters soll einen eventuell vorhandenen Kinderwunsch erfüllen. Dies wird von vielen ausländischen Besuchern hier bestätigt. Unser Kinley sitzt nachdenklich auf dem schattigen Platz vor dem großen Baum. Er wünscht sich eine Frau und viele Kinder.

Verwöhnen im Bhutan-Style

Wir wurden auf ein anderes Hotel, als das ursprünglich bestätigte ‚Boutique-Hotel', umgebucht. Hans reklamiert. Wir mussten bei Buchung jedoch bestätigen, dass wir

99

keinen Anspruch auf ein bestimmtes Hotel haben, sondern nur auf eine entsprechende Kategorie.

Unser ‚Lobesa‘ bietet aber ein geräumiges Zimmer mit herrlichem Blick auf den Fluss und das Personal ist extrem aufmerksam und nett. Beim ausgezeichneten Essen sorgen drei Bedienstete für einen Gast, dass es ihm an nichts fehlt. Kaum hat man die Tasse abgestellt, wird man gefragt ob man nachfüllen dürfe. Man ist auffallend angenehm und fürsorglich. Alte Thangkas hängen an den Wänden, die man von der Bevölkerung und von den Klöstern gebracht hat. Sie kosten zwischen 5000 und 10.000 Dollar, ja richtig: nicht Ngultrum sondern Dollar. Es gebe auch Rabatte von 40 – 70 % und ein Zertifikat für die Ausfuhr wäre auch kein Problem. Schließlich darf man keine Altertümer und historisch wertvolle Kunstschätze ausführen. Alte Haushaltsgeräte sind auch überall im Hause ausgestellt. Wir haben schon einiges davon im Kunsthistorikmuseum in Thimpho gesehen.

Ich habe mich aus meinem Koffer ausgesperrt! Die Zahlenkombination am Schloss reagiert nicht. Wie konnte das passieren? Kann sich das Schloss von alleine verstellen? Ich bin sicher, die richtigen Zahlen eingegeben zu haben, bevor ich verriegelt habe. Wie komme ich nun an meine Habseligkeiten? Ich brauche Werkzeug, vertraue ich Kinley an. „Das regeln wir schon!“, beruhigt er mich. Nach unserer Tagestour macht sich Kinley an mein Zahlenschloss. Mit viel Geduld knackt er tatsächlich die geheime Kombination! Ich bin begeistert und lade ihn ein, sich heute Abend ein Bier auf meine Kosten zu genehmigen. Inzwischen weiß ich, dass er so etwas nicht verschmäht.

Unser Verhältnis ist seitdem freundschaftlicher. Er war von Anfang an ein respektvoller, hilfsbereiter Guide, der immer versucht hat, auf uns einzugehen. Aber von jetzt an ist der Kontakt lockerer. Seine Wissensvermittlung hatte ohnehin schon zugenommen, seit er weiß, dass ich Reisebücher schreibe.

Ich habe so himmlisch geschlafen wie schon lange nicht mehr. Die frische, gute Luft, die wir ins Zimmer ließen und das Vogelgezwitscher am Morgen auf dem rotblühenden Baum, den Hans so sehr liebt, lassen mich den Tag überglücklich beginnen. Als ich die Augen öffne, erblicke ich vom Bett aus das wunderbare Panorama mit Fluss und Bergen.

Von Punakha nach Paro

Heute nehmen wir wieder die Route über den Pass zurück, haben gute, aber nicht ganz so freie Sicht auf den Himalaya wie gestern.

Das Paro-Tal wird bewacht und mit Schmelzwasser gespeist vom 7.300 m hohen ‚Chomolhari‘. Das hübsche Tal beherbergt einige Klöster.

Beim Mittagessen in Paro gibt es einen kleinen Eklat, denn eine Gruppe Chinesinnen kommt und lässt den Ventilator anwerfen. Hans reklamiert, dass es ihm ziehe und viel zu kalt sei. Der Essengeruch hier brenne aber in den Augen, meinen die Damen. Komisch, uns brennt er nicht. Ich winke dem Inhaber, den Ventilator abzustellen. Daraufhin öffnen die Asiatinnen diverse Fenster. Gemütlich ist das nicht. Sie fragten uns aber nicht etwa, ob es uns etwas ausmache. Da wir ohnehin fast fertig sind mit dem Essen, verzichten wir auf die Nachspeise und stehen demonstrativ auf und gehen. Ein paar Chinesinnen hatten uns auch schon bei Aussichtspunkten genervt, wo wir gefälligst zur Seite springen sollten, damit alle Reisegruppenteilnehmer einzeln vor der Sehenswürdigkeit posieren könnten. „You have to wait until I’m ready. You are not the only one!“, schnauzte ich sie an.

Unser Führer mit Fahrer, die immer separat speisen, haben uns vermisst und vom Balkon aus nach uns Ausschau gehalten. Wir erklären ihnen, warum wir gehen mussten. „Die großen Gruppen dieses Volkes sind einfach egoistisch und dominieren alles. Schade ist auch, dass wir so viel Geld bezahlen um einen sanften Tourismus mit wenig Touristen zu unterstützen und nun kommen massenweise chinesische Reisegruppen, die das Land überschwemmen. Sie zahlen, so viel uns bekannt ist, nur einen Bruchteil unseres Preises. Zusätzlich wird der zugängliche Bereich des Landes von vielen Indern heimgesucht, die weder Visumspflicht noch irgendeine Zahlungsvorgabe haben.", machen wir unserem Unmut Luft.

Zwei Drittel aller Touristen sind inzwischen Inder. Ich empfinde das als ungerecht, denn in Indien sind die Wohlhabenden viel reicher als Deutsche oder andere Europäer, für die die gleicheTagespauschale gilt. Die indische Mittelklasse ist sehr reisefreudig und zeigt ein vollkommen anderes Verhalten gegenüber fremden Kulturen als westliche Touristen.

Überall wird auch gebaut wie verrückt und man wird die nächsten Jahre noch mit größeren Massen rechnen müssen.

Wie erwähnt, will ich seit 35 Jahren nach Bhutan und noch 1990 hatten nur 2000 Touristen jährlich das Land besucht. Im Jahr 2008 bereits 22.000, 2017 waren es schon 150.000. Dieses Jahr werden es wahrscheinlich bereits eine halbe Million sein! Es gibt keinen wirklichen ‚Gentle-Tourismus' mehr. Für Westler, die darauf großen Wert legen, kann man eine Reise in diesem Sinne nicht empfehlen, außer man ist Buddhist so wie ich. Gesteuert bzw. gebremst werden die Besucherzahlen durch die verfügbaren Flüge und Hotelbetten. Letztere steigen, wie man aus der regen Bautätigkeit schließen kann.

In Paro besuchen wir nach dem Mittagessen ein Museum mit traditionellen Masken, die Tiere und alle möglichen

Fratzen darstellen. Sie sollen die bösen Dämonen erschrecken und verjagen. Außerdem zeigt es die einheimische Tier- und Pflanzenwelt. Endlich sehe ich Schneeleoparden - ein Pärchen. Natürlich sind sie ausgestopft. So schöne Tiere! Hierzulande soll es auch Nashörner und Krokodile geben. Das vermutet man in einem Himalayaland zunächst nicht. Ja, hier gibt es auch ein dschungeliges Tiefland! Eine Leopardenkatze hat ihren Lebensraum in den Höhenlagen von 3.200 m bis hinunter auf 2000 m und sucht gerne die Nähe menschlicher Behausungen. Ihr Körper ist gezeichnet wie bei einer Raubkatze, ihr Kopf ist aber der einer Hauskatze. Sie ist auch nicht viel größer als eine solche.

Paro Dzong

Ins Kloster ‚Paro Dzong' Kloster dürfen wir wieder nur zu einer bestimmten Zeit. Auch dieses Kloster verbindet administrative Gebäude mit religiösen. Unter Einheimischen wird es ‚Fortress of a heap of jewels' (Fort des Juwelenhaufens) genannt und wurde im Jahre 1646 von Zhabdrung Ngawang Namgyal erbaut. Es gibt 15 Gebäude für die Mönche, in denen sie unterrichtet werden. Eines davon dürfen wir besichtigen. Es ist ein imposantes Bauwerk! Ich werde mit dem Fotografieren nicht mehr fertig. Im Innenraum des Tempels, dort wo Buddha sitzt, darf nie fotografiert werden. In allen Dzongs von Bhutan ist es gestattet, im Innenhof zu filmen oder zu fotografieren, aber nicht in den Tempeln der Mönche. Hier ist Filmen und Fotografieren strengstens verboten und wird auch von Wachleuten gewissenhaft kontrolliert.

Dieser Dzong mit seinen im original bhutanesischen Stil nachgebauten Fassaden ist ein Meisterwerk bhutanesicher

Baukunst. Besonders hübsch sind die bunten Holzfenster. Eindrucksvoll! Fantastisch! Einzigartig! Anlässlich der Jahrestagsfeier des Begründers des bhutanesischen Buddhismus, Guru Rinpoche, am 14. April, hat man alle alten und auch neueren Thangkas herausgeholt und die Wände damit geschmückt. Auch alle möglichen Dekorationen dürfen wir sehen, die sonst nicht zu bewundern wären. Was immer zu bestaunen ist, sind die farbenfrohen und künstlerisch sehr wertvollen Wandmalereien.

Junge Mönche gehen hier zur Schule. Sie lernen hauptsächlich buddhistische Lehren und ein wenig Englisch. Fächer wie Mathematik gibt es jedoch nicht. Es leben etwa 200 Mönche hier.

Paro Dzong

Dieses wunderschöne und kunstvolle Bauwerk fiel im Oktober 1907 einem Feuer zum Opfer und brannte bis auf die Grundmauern nieder. Er wurde anschließend gleich nach den alten Plänen von Paro-Penlop Dawa Penjor wieder aufgebaut. Es war restlos alles zerstört worden, einzig ein 20 x 20 Meter großer Thangka überlebte das Feuer. Er wird jährlich beim ‚Paro Tshechu‘ ausgestellt.

Dieses farbenfrohe und beliebte große Fest findet immer vom 9. bis 15. des zweiten Mondes im Jahr statt. Dieser Termin fällt auf März oder April und ist für Besucher eine gute Reisezeit. Am letzten Tag des Ereignisses wird ein großes Bild ausgerollt, auf em Guru Thongdrol zu sehen ist. Das hat immer einen großen Überraschungseffekt und soll den Betrachter von seinen Sünden befreien.

2005 bekam der Dzong ein neues Dach. Auch die Cantilever Brücke als Zugang zum Dzong musste komplett renoviert werden.

Wie jeder Dzong ist auch dieser Verwaltungssitz. Hier für den Distrikt Paro. Erreicht wird der Dzong durch eine kurvige Straße, die aus Pflastersteinen gebaut wurde. Vom Parkplatz ist es ein kurzes Stück über eine wunderschöne schindelbedeckte Holzbrücke. Man hat vom Dzong aus eine phantastische Aussicht auf Paro und ins Paro-Tal. Der Turm des Dzong, genannt "Utse" beherbergt großartige Schnitzereien und gilt als einer der schönsten in ganz Bhutan. Der Dzong darf nur langärmlig und mit langen Hosen betreten werden. Die Führer müssen sich, wie in jedem Dzong, eine naturweiße Schärpe überhängen. Auf blütenweiße Reinheit legt unser Kinley aber keinen Wert! Dieses traditionelle Stoffteil liegt zwischen den Klosterbesuchen irgendwo im Auto herum und bleibt damit nicht fleckenlos. Diese Stola wurde wohl schon länger nicht mehr gewaschen.

Paro Dzong Innenhof

Touristen-„Wohnsitz"

Unser Hotel ist wieder nicht das bestätigte. Letzteres wäre eine noble große Anlage gewesen, aber mit Ausblick auf die Landebahn. Die Lage von unserem jetzigen ist herrlich. Vor uns stehen die Apfelbäume in voller Blüte, unter uns erstrecken sich die Ausläufer der Stadt und links von uns blicken wir direkt auf das Dzong, das nachts auch noch hübsch beleuchtet ist. Unser Zimmer ist ein halber Doppelbungalow aus Holz, mit einem netten Vorbau mit Sitzgruppe. Das eigentliche Zimmer ist mit Holzwänden und nur einem Fenster sehr dunkel. Unser Problem wird aber das Bett, denn die Matratze ist eine durchhängende Katastrophe.

Wir reklamieren an der Rezeption, was der jungen Dame gar nicht zu behagen scheint. Eine Kollegin wird gerufen und diese zeigt uns sehr widerstrebend ein anderes Zimmer. Es befindet sich eingequetscht zwischen einen Doppelbungalow, nun also ein Dreierbungalow, aber ohne Terrasse und mit einem sehr unspektakulären Blick nach hinten und keinerlei Schreibmöglichkeit. Es hat zwei Einzelbetten, in deren Matratzen man zwar nicht wie im Doppelbett zur Mitte zusammenrollen kann, die aber genauso ‚shabby' sind und durchhängen. Für meinen Rücken absolut nicht tauglich! Bisher hatte ich zum Glück kein Problem mit den Betten und meiner gequetschten Bandscheibe und keinerlei Rückenschmerzen.

Wir wollen bleiben wo wir sind und werden morgen mit unserem Guide klären, ob wir in ein anderes Hotel gehen können. Um die Bettzeit noch ein wenig abzukürzen, nehmen wir ein ‚Red Panda' Bier an der Bar. Kinley sitzt hier und frägt – ganz der gewissenhafte Guide – wie es uns gehe. Wir informieren ihn über das Bettproblem und dass man keine Abhilfe schaffen konnte. Er springt auf, lässt sich nicht bremsen. Ich habe ein schlechtes Gewissen, es ist ja schließlich sein Feierabend. Nach kurzer Zeit bittet er uns mitzukommen und ein anderes Zimmer anzusehen. Es ist eine Hälfte eines Doppelbungalows mit einem großzügigen Gemeinschaftsraum zwischen den beiden Zimmern. Das Bett scheint gut zu sein und deshalb raffen wir unsere Siebensachen und ziehen um. Das Bett IST gut. Ich danke es Kinley am nächsten Tag mit einem Gratisbier. Er hat meine/unsere Nacht gerettet!

Wir sitzen noch eine Weile zusammen an der Bar und unterhalten uns erstmals ein wenig privater. Kinley wohnt in Thimphu und ist Single. „I'm alone", klingt wirklich sehr traurig. Er ist schon viele Jahre lang Guide, aber ob er glücklich ist in seinem Job, kann ich nicht heraushören.

Die Touristensaison ist kurz: zwei bis drei Monate im Frühjahr und nochmals soviel im Herbst. Dazischen zu den Monsunzeiten herrscht tote Hose.

Was sollte man aber außer Tourismus oder Landwirtschaft hier arbeiten? Kinley hat etwas wie Wirtschaftswissenschaften studiert, nicht etwa Tourismus. Wer weiß, ob es dieses Studienfach überhaupt gibt? Er studierte in Gangtok im indischen Sikkim. Die Vorlesungen fanden alle in Englisch statt. Deshalb spricht er auch diese Sprache auch so gut.

Dem Geschäftsführer, der sich noch zu uns gesellt, kann ich verraten, dass ein Haken oder zumindest ein Nagel an der Wand im Zimmer hilfreiche Dienste täte. „Was, hier gibt es kein Hakenbord? Das hat man anscheinend ausgerechnet in diesem Zimmer übersehen!", wirkt er überrascht oder tut zumindest so. Am nächsten Abend haben wir genügend Haken, um ein paar Kleidungsstücke aufzuhängen. Die nächsten Gäste werden sich auch freuen.

Unser Fahrer wohnt in Paro und freut sich bestimmt, immer wieder einmal zuhause schlafen zu können. Am nächsten Morgen schmeichle ich ihm: „Haben wir ein neues Auto?" Er hat es wieder auf Hochglanz poliert und drei Stunden seine ganze Mühe und seinen Stolz in diese Aufgabe gelegt. Jetzt fühlt er sich belohnt und strahlt mich mit seinem lieben Gesicht an. Wenn ich nicht so viel älter wäre als er, könnte ich fast meinen, dass er ein wenig in mich verliebt ist. Er will mit seinem einfachen Handy immer wieder mit mir fotografiert werden. Als er es merkt oder aber von Kinley darauf aufmerksam gemacht wird,

lässt er immer erst ein Foto von Hans und sich machen,
bevor ich zu ihm aufs Bild darf.

Paro Dzong bei Nacht

Glück ist Glückssache -
Auf den Spuren des Bruttonational-
glücks

Der Fernsehsender ‚arte' drehte ein Jahr lang in Bhutan und berichtet:

…Ich war, wie alle, recht skeptisch, als Bhutan angekündigt hat, es wolle bis 2020 das erste ausschließliche Bio-Land sein. Aber sie sind tatsächlich dabei, das umzusetzen. Der Staat unterstützt Bio-Kooperativen, junge Unternehmen ziehen Recycling-Programme auf, und so weiter. Als wir in der Pilot-Schule gedreht haben, die in meinem Film vorgestellt wird, habe ich mir gesagt: „Ich würde mir wirklich wünschen, dass meine Kinder in Bhutan aufwachsen könnten. Meine Mitarbeiter und ich sind viel in der Welt herumgekommen, aber wir haben uns nie so anders gefühlt als in Bhutan. Ich sehe Bhutan als wirklich ehrlichen Versuch, anders zu denken.

Ist das Modell exportierbar?

Bhutan ist ein sehr kleines, lange völlig isoliertes Land mit buddhistischer Kultur. Das Modell ist nicht einfach so Eins zu Eins übertragbar. Aber ich habe Experten interviewt, die den von Bhutan vorgelegten Bericht analysiert haben und sich darin einig sind, dass man den Reichtum eines Landes heute nicht mehr bloß mit dem Brutto-Inlandsprodukt messen kann. Das war nach dem Zweiten Weltkrieg eine nützliche Maßeinheit für den Wiederaufbau, heute ist das aber nicht mehr ausreichend. Menschen, die an Krebs leiden oder Katastrophenschäden „produzieren" nämlich auch. Der Index BIP erfasst nur die Produktion, unterscheidet aber nicht zwischen dem was gut und was schlecht ist für die Erde und für die Menschen. Die Menschheit „konsumiert" jedes Jahr eineinhalb Mal so viel, als die Erde produziert, wir lassen ihr nicht mehr die nötige Zeit, sich zu regenerieren. Wir stehen am Abgrund und können nicht so weiterleben, wie wir es im Westen heute tun. Wir müssen die Maßeinheit für Reichtum und Entwicklung ändern, und da ist das Brutto-Nationalglück, das alles einschließt, ein Modell, an dem man sich durchaus inspirieren kann. Im Vergleich zu anderen Entwicklungsländern ist die Armut hier weniger spürbar. Die Menschen haben zu essen, haben eine Wohnung, Zugang zu kostenloser Bildung und medizinischer Behandlung und sind in eine Gemeinschaft eingegliedert. Glück ist etwas sehr Relatives, und das Konzept hier zielt wie überall darauf, die Grundbedürfnisse abzudecken, aber es legt eben auch Wert auf den Rest.

Der 20. März ist in Bhutan „Tag des Glücks".

Übrigens müssen auch Journalisten ihre Tagespauschale von 200 bis 250 $ täglich bezahlen, was bei längerem Aufenthalt recht kostspielig wird.

Auf Glückssuche in Bhutan

Der junge Blogger Marcel Schlegel machte sich im Februar 2016 auf die Suche nach dem Bruttonationalglück und gab sich nicht zufrieden mit Vordergründigem, mit dem was der Guide, ohne den man sich im Land nicht bewegen darf, ihm zu sehen gab.

In Bhutan sollen glückliche Menschen leben — zumindest war es das, was mir von den diversen Medienberichten in Erinnerung geblieben war, als das kleine Land im Himalaya vor ein paar Jahren „Glück" zur Staatsräson erklärte und das Recht darauf 2008 in der Verfassung verankerte. Das „Bruttonationalglück" sollte Bhutans Antwort auf die kapitalistischen Werte des Westens und sein „Bruttoinlandsprodukt" sein. Dafür installierte das Königreich einen Glücksminister, der das „Ministerium für Glück und Gastfreundschaft" seither seinen Amtssitz nennen darf.

Im „World Happiness Report" der Vereinten Nationen steht Bhutan an 79. Stelle. Deutschland nimmt Platz 45 ein. Einen „Glücksminister" in

Amt und Würden, aber im „Glücklich-Sein" nur Mittelfeld – wie geht das zusammen?

Die Regierung habe sich auf ihre orange-gelbe Fahne geschrieben, dem Land „nachhaltig Wachstum" zu bescheren, erklärt der Chef unseres Reiseleiters. „Good Governance", Umweltschutz, der Erhalt des „bhutanisch-buddhistischen Geistes" und das „Recht auf Glück" – das seien die Wege, wie Wohlstand gesichert werden soll. Auch deshalb verschließt sich Bhutan dem Tourismus einerseits nicht länger, um dem armen Land mit ausländischem Geld eine lukrative Einnahmequelle zu bieten.

Doch öffnet die Monarchie die Pforten ihrer Tempel nur einen Spalt weit. Filmen darf man nur an jenen Stellen, an denen es der Guide gestattet. Die Schattenseiten des armen Landes bleiben den Touristen so oft verborgen. Der Reiseleiter gibt unserem Filmteam so gut er kann die Route vor. „Massen- und Rucksacktourismus wollen wir nicht", sagt der Tourismuschef. Backpacker wären schließlich „nicht zu kontrollieren". Denn welcher Rucksacktourist kann sich einen Guide leisten?

Es gibt traumhafte Orte in Bhutan, natürlich. Doch je mehr ich von diesem „Land des Glücks" sehe und je mehr ich darüber von den Einheimischen erfahre, desto misstrauischer werde ich.

60 Prozent der Bhutaner verdienen mit Landwirtschaft und Viehzucht ihre Ngultrum. Rund 2500 US-Dollar stehen dem durchschnittlichen Bhutaner pro Jahr zur Verfügung. Ohne das Geld des Westens, das die „Touries" ins Land bringen, wäre der Ngultrum noch knapper. Armut und Glück, für mich will das zunächst nicht zusammen passen.

Mit Zigaretten soll man in „Druk Yul" verfahren wie hierzulande mit Cannabis: Wer damit dealt, zahlt eine immense Summe. Wer Tabak im großen Stile einführt, geht ins Gefängnis. Rauchen schadet der Gesundheit. Und wer krank ist, der ist unglücklich. So argumentiert man in Bhutan.

Plastiktüten sind verboten.

Ich bin begeistert. Zunächst.

Noch in Paro, wo alle Touristen ankommen und meistens auch bleiben, waren diese bhutanischen Ansagen und Realität für mich stimmig gewesen: Die Luft war rein, die Straßen sauber und nur wenige Autos fuhren. Doch als wir in den Folgetagen in Richtung Bumthang im vom Touristen weniger besuchten Osten des Landes aufbrechen, bekommt die Fassade aus Sauberkeit und spiritueller Reinheit einen ersten Riss, der breiter als nur ein Türspalt ist.

Der Weg führt uns über einen Gebirgspass, der etwas von einer Buckelpiste hat. Die Menschen, die die Straßen ausbauen sollen, leben in notdürftigen Zelthütten direkt an der Straße, fast schon drauf. Männer mit ihren Frauen und ihren Kindern – inmitten einer staubigen und von Abgasen erfüllten Luft. Für rund ein Drittel von dem, was der Durchschnitts-Bhutaner verdient, bessern sie Löcher in den Straßen aus, schleppen Steine und arbeiten mit Pickel und Schaufel – vornehmlich also mit der Hand.

Auf dem Markt in der Hauptstadt Thimphu bröckelt die Fassade weiter: Mein Chilli-Pulver verpackt die alte Dame mit grimmigem Blick in – richtig: einer Plastiktüte. Sie kaut eine Betelnuss, die in ein mit gelöschtem Kalk bestrichenen Blatt eingerollt ist. Die Nuss färbt ihren Speichel blutrot. Tobgay (der Guide) kaut die Dinger wie ich meine Zigaretten rauche; der gelöschte Kalk putscht auf. Gesund ist das nicht. Da hilft auch kostenfreie medizinische Versorgung nichts.

Auch offenbart Bumthang später ein anderes Straßenbild: Dort versuchen zerbrechliche Bettler einem Früchte und Holz-Buddhas anzudrehen. Dort liegt der Müll am Straßenrand. Dort ziehen Jugendliche in der Öffentlichkeit genüsslich an ihrer Zigarette und die Polizei, die im ampellosen Bhutan den Verkehr noch von Hand regelt, steht daneben. Als dann auch ich die

Hemmschwelle verliere und meine vierte Zigarette geraucht habe, ergo Nachschub brauche, frage ich Tobgay. Er hat kaum Mühe, mir im nächsten Tante-Emma-Laden eine neue Schachtel zu besorgen.

Bhutan - Das vermeintliche Paradies

In den Neunzigern hatten Zuwanderer aus Nepal Probleme mit der strikten Eine-Kultur-Politik, Alle sollten buddhistische Tracht tragen und durften nicht einmal ihre hinduistischen Feiertage in ihrer traditionellen Kleidung feiern. Auch ihre eigene Sprache wurde Teil des Disputs. Die kanadische Lehrerin Jamie Zeppa, die in Zeit dieser Unruhen in Bhutan lebte, berichtet in ihrem Buch „Bhutan" von den Problemen und Spaltung ihrer Schüler in Bhutanesen und Nepalesen. Den Lehrern wurde dringend geraten, sich aus dem Konflikt, der offiziell gar nicht existierte, herauszuhalten.

Ratan Gazmere von Tourism Watch der Organisation, Brot für die Welt'

https://www.tourism-watch.de/de/schwerpunkt/bhutan-das-vermeintliche-paradies 11.07.2000

Wer als Entwicklungshelfer, Wissenschaftler, Berater oder Journalist ins Land kommen darf, muss sich bereits im Voraus mit der Obrigkeit gut stellen. Sonst wird ihm ein Visum verweigert. Deshalb hören wir ausschließlich Gutes über das "letzte buddhistische Paradies" oder "Shangri-La" der Erde.

Aber der König lebt mit einem Teil seines eigenen Volkes ständig im Streit, weil wir seiner absoluten Macht nicht zustimmen, Demokratie, Meinungs- und Pressefreiheit fordern, und weil wir - offensichtlich zu viele - Hindus - sind. Die Hindus sind genauso Einwanderer wie die Drukpas, die herrschende buddhistische Elite im Norden. Ihre Vorfahren kamen aus Tibet, unsere aus Nepal. Im Osten lebt die Urbevölkerung der Sarchops, die ebenfalls von der Regierung in der Hauptstadt Thimphu unterdrückt wird. Meine Familie lebt seit mehreren Generationen im Süden Bhutans, wo die meisten Hindus angesiedelt wurden. Weil wir uns Ende der achtziger Jahre gegen die neue "arisierende" Politik "Eine Nation, ein Volk, eine Kultur" wehrten, wurden wir ins Gefängnis geworfen, mußten flüchten oder wurden als "illegale Einwanderer" vertrieben.

Über 100.000 von uns leben seit Beginn der neunziger Jahre in großen Flüchtlingslagern in Nepal - staatenlos. Denn wer das kleine Paradies nicht ordnungsgemäß und ohne Genehmigung verlässt, verliert seine Staatsbürgerschaft.

Ethnische Säuberung im Land des Glücks

Veröffentlicht am 27. Juni 2017 in „Fluchtgrund".

http://www.fluchtgrund.de/2017/06/bhutan-ethnische-saeuberung-im-land-des-gluecks/

Bhutan, ein winziges Königreich im Himalaya, auch bekannt als das Land des Glücks. Seit 2008 steht das Glück als Ziel offiziell in der Verfassung. Doch hat das Land eine grausame Vergangenheit. Über 100.000 Menschen hat der König vertrieben, noch heute leben Tausende in Lagern in Nepal und hoffen auf eine bessere Zukunft.

Anfang der 1990er Jahre wurden Hunderttausende Menschen aus ihrer Heimat gewaltsam vertrieben. Angeblich, weil sie „Illegale" seien und das Land überfremden würden. Das Königreich Bhutan hatte in kürzester Zeit ein Sechstel seiner Bevölkerung vertrieben – eine Handlung, die als eine systematische, ethnische Säuberung beschrieben wird.

Die Revolution begann Anfang der 1970er Jahre im Nachbarland Sikkim, welches heute nicht mehr als Königreich existiert. Vor allem die nepalesischstämmige Bevölkerung war in Auflehnung gegen den König und forderte stärkeren politischen Einfluss. Im Jahre 1975 wurde Sikkim infolge einer Volksabstimmung zum indischen Bundesstaat. Als erste Amtshandlung

wurde der König verbannt. Das nepalesischstämmige Volk beraubte dem König von Sikkim
der Macht und nahm ihm jeden Einfluss. Zu diesem Zeitpunkt lebten etwa 200.000 Nepalesen
im Südbhutan. Der bhutanesische König be-
fürchtete, dass er das gleiche Schicksal wie der
König von Sikkim erleiden müsse. Seiner Mei-
nung nach drohte Bhutan eine Überfremdung
durch nepalesische Einwanderer. Die Regierung
versuchte die Demographie des Königreichs zugunsten der herrschenden ethnischen Gruppen
zu verändern. Es folgte die Einführung der Politik „one nation, one people". Fortan übte der
König zunehmenden Druck auf die Bevölkerung
aus, im ganzen Land die Tradition des Nordens
zu leben und sich damit zu identifizieren. Von
nun an mussten nepalesischtstämmige Südbhutanesen täglich traditionelle Kleidung tragen.
Sie begannen zu protestieren und sich gegen
die strengen Vorschriften des Königs zu wehren.
Dieser wollte den Einfluss der Südbhutanesen
reduzieren, sie waren ihm zu gefährlich geworden. Die strikte Bhutanisierung des Südens stieß
auf Widerstand und Proteste im Kampf für Demokratie.

Schließlich bildete der Citizenship Act von 1985
den Kern des Problems, der eine neue Volkszählung anordnete. Danach war man nur Bürger
Bhutans, wenn man bereits vor dem
31. Dezember 1958 im Bhutan gelebt hatte und

auch offiziell registriert war. Somit fehlte tausenden Menschen die Staatsbürgerschaft und sie wurden plötzlich zu illegalen Einwohnern. Anfang der 1990er Jahre wurden die Regelungen des Citizenship Acts in die Tat umgesetzt und Regierungsbeamte kontrollierten die Unterlagen der Einwohner im Süden. ... Wer keine Dokumente vorweisen konnte, musste das Land verlassen. Nicht selten wurden die nepalesischstämmigen Einwohner brutal und gewalttätig vertrieben. Durch Verhaftungen, Einschüchterung und Diskriminierung entfachte ein Bürgerkrieg im Süden des Landes. Die örtlichen Beamten nutzten das Klima der Repression, um Nepalesen zu zwingen, ihr Land unter dem Zeitwert zu verkaufen und auszuwandern. Unterdrückung, Vergewaltigung, Folter, Körperverletzung sowie Drangsalierung durch Beamte der Regierung zwangen die Menschen, ihre Heimat zu verlassen.

Indien sah sich nicht in der Verantwortung, sich um das Problem Bhutans zu kümmern und brachte die Flüchtlinge an die Grenze zu Nepal. Dort wurden schließlich Flüchtlingslager errichtet. Die Vereinten Nationen schritten nicht ein, da sie die Vertreibungen zunächst als interne Angelegenheit betrachteten. Sie gingen lange Zeit davon aus, dass ein erheblicher Teil der Menschen später wieder zurückkehren dürfte. Erst als hunderttausend Flüchtlinge versorgt werden mussten, schaltete sich die UN ein. Nach einem Besuch der Flüchtlingslager von einer Delegation der bhutanischen Regierung 2003 kam es dort zu gewalttätigen Auseinandersetzungen. Schließlich wurde den Flüchtlingen eine Rückkehr nach Bhutan verwehrt. Ohne Indiens Unterstützung konnte die nepalesische Regierung Bhutan nicht beeinflussen. In den vielen Jahren waren die Flüchtlinge nicht in der Lage, nach Bhutan zurückzukehren.

In Nepal sieht man die Menschen als bhutanische Eindringlinge, in Bhutan als nepalesische Illegale. Aus der Heimat vertrieben, ohne Perspektive und mit der Hoffnung, sich ein neues Leben aufbauen zu dürfen. Jedoch bekommen die Flüchtlinge in den Lagern keine Erlaubnis, zu arbeiten. Heute ist jeder dritte Bewohner dort geboren. 2007 wurde ein Resettlement-Programm von der internationalen Gemeinschaft beschlossen, welches den Flüchtlingen helfen soll, umzusiedeln und eine neue Heimat zu finden. Nach fast einem Jahrzehnt sind mittlerweile mehr als 100.000 bhutanische Flüchtlinge ins Ausland gezogen. Viele sind in die USA, Australien oder Kanada emigriert. Doch noch immer leben mehr als 30.000 Menschen in den Flüchtlingslagern in Nepal und hoffen auf eine bessere Zukunft.

Leider hat also auch mein verehrtes und ersehntes buddhistisches Paradies seine Schattenseiten. Rückblickend kann ich aber sagen, dass für mich persönlich die positiven Eindrücke sehr stark waren und ich diese Reise in äußerst angenehmer Erinnerung behalten werde.

Haa-Tal

Heute freuen wir uns auf die Fahrt ins Haa-Tal über einen hohen Pass. Man kann oben am Chele La Pass in 3.988 m auf die eine Seite ins Paro-Tal sehen und auf der anderen Seite ins Haa-Tal. Zudem hat man mit Glück einen Blick auf den Himalaya. Bei der Hinfahrt zeigt sich der westliche, niedrigere Bereich, bei der Rückfahrt der höhere östliche Bereich. Das ist wirklich ein großes Glück, denn die weißen Riesen bedecken sich sehr oft verschämt. Der kalte Wind pfeift einem kräftig um die Ohren und die Gebetsfahnen flattern im Wind. Hier oben gibt es viele weiße Fahnen, die, wie wir nun schon wissen, zum Gedenken an Verstorbene aufgestellt werden.

Kinley lässt uns ein Stück oberhalb des Tales aussteigen und wir können zu Fuß hinunterwandern. Von hier oben haben wir einen herrlichen Blick auf das Haa-Tal. Wir bekommen ein sehr leckeres Mittagessen in einem pieksauberen Lokal mit blitzeblank geputzten Fenstern, was in Asien wirklich erwähnenswert ist. Das Essen war mit besonders viel Sorgfalt zubereitet worden. Die Restaurants sind abhängig davon, dass sie in die Listen der Veranstalter aufgenommen werden und dort auch bleiben können. Obwohl sie in Vorleistung gehen müssen und oft lange auf ihre Bezahlung warten müssen, ist es für die meisten sehr erstrebenswert, im Tourismusgeschäft mitwirken zu können. Das Tal wurde erst 2002 für den Tourismus geöffnet und man beginnt gerade mit dem Bau von Hotels. Ich bin mir nicht sicher, ob man den Menschen dort mehr Tourismus wünschen soll, Hier in Katsho Village freut man sich (noch) über die Fremden. Wäre der sog. „Sanfte Tourismus" so geblieben, wie wir es erhofft hatten, hätten sich vermutlich weniger Bhutanesen so verändert wie wir es in Paro erlebten.

Wir besuchen den Tempel ‚Katsho Lhakhang'. Es ist der zweite alte Tempel, der original erhalten blieb. Hier herrscht eine sehr, sehr gute Energie drinnen. Wir dürfen sogar bei einer Zeremonie dabei sein. Ich glaube, das hat Kinley für uns ausgehandelt. Der Obermönch schaute uns an, blickte von einem zum anderen. Vielleicht hat Kinley ihm gesagt, dass wir Buddhisten sind. Natürlich spenden wir etwas und dürfen dem tief gemurmelte Gebet mit den Trommeln und schrillen Fanfaren beiwohnen. Das ist das Eindrucksvollste bisher, das ich im buddhistischen Bhutan erleben durfte. Ich bin tief beeindruckt. Hat doch mein Drang nach Bhutan sehr viel mit dem Buddhismus zu tun. Was für einen Katholiken der Gang nach Rom zum Papst ist, ist für einen Buddhisten eine Reise nach Bhutan. Vor allem kann ich als glaubensmäßig seltenes Exemplar zwischen Christen im erzkatholischen Niederbayern keinen Tempel, keinen Treffpunkt und keine gleichgesinnten Glaubensgenossen finden. Von Zeremonien ganz zu schweigen. Hier jedoch atmet alles buddhistische Energie.

Wir sind die einzigen Touries hier. Der Tempel ist sehr hübsch geschmückt mit einer Buddhafigur in der Position der Gegenwart und vielen vielfarbigen knallbunten Krawatten.

Als wir ein wenig im Ort auf- und abschlendern, werden
wir von den Leuten angelächelt, Kinder winken uns zu.
Hier freut man sich wirklich über die Fremden, die den
mühsamen Weg in dieses Tal zu ihnen gefunden haben.

Tigernest -Taktsang-Kloster

Für den letzten Tag unserer Bhutan-Reise steht das berühmte Tigernest auf dem Programm. Es ist ein Kloster,
in 3.200 m Höhe an einen steilen Felsen geklebt. Der Legende nach soll Guru Rinpoche, (Padmasambhava), der
einst im 8. Jh. den Buddhismus nach Bhutan brachte,
vom Westen her auf dem Rücken einer Tigerin in diesen
Teil Bhutans geflogen sein um den Buddhismus auch in
die vom ihm aus entlegenere Ecke Bhutans zu bringen.
Diese Geschichte gab dem alten Kloster seinen Namen.
Er meditierte dort in einer Höhle. An dieser Stelle steht
heute eine Klosteranlage, die ohne Zweifel erst im 17. Jh.
entstanden ist. Niemand kann sich so recht erklären, wie
am schroffen, steilen Fels, der über 1300 m senkrecht
abfällt, ein solches Kloster erbaut werden konnte. Tenzin
Rabgye (1638 – 1696) ließ im Jahr 1692 den zentralen
Tempel errichten. Die Legende erzählt, dass Tenzin,
nachdem er zu Padmasambhava gebetet hatte, sein Haar
abschnitt und in den Abgrund warf. Wie durch ein Wunder entsprangen Felsen aus dem Haar, die zum Unterbau
des Klosters dienten.[7]

---

[7] Dr. Bonn, Gisela: Bhutan Kunst-Reiseführer

125

Dieses Kloster gilt als Heiligtum für Buddhisten und ist Pilgerziel für Gläubige aus allen Ländern des tibetischen Buddhismus.

Unsere Unterkunft liegt in Paro auf einer Höhe von 2.280 m und wir müssen hinauf zum Tigernest, das 900 m höher als die Stadt liegt. Diese Höhenmeter sind zu Fuß auf steilstem Gelände zu bewältigen. Da ich hier in diesem Hochgebirge schon meine gesundheitlichen Grenzen aufgezeigt bekam, wähle ich für die erste Stunde Aufstieg einen Pferderücken. Man hat hier kleine Pferdchen, ich schätze eher, es sind Mulis. Kinley hatte vorgeschlagen, schon früh aufzubrechen und so sind wir um sieben Uhr morgens schon am Ausgangspunkt. Das war auch unser Wunsch, denn wir lasen schon, dass Menschenmassen unterwegs sein würden und man oft Schwierigkeiten habe, aneinander vorbeizukommen.

Heute ist leider kein sonniger Tag, sondern es regnet leicht. Bald lässt er aber nach und ich erklimme mit meinem Pferdchen inmitten mystischer Nebelschwaden Meter für Meter. Mir tut das arme Tier Leid. Es bleibt immer wieder einmal stehen, wenn es eine besonders steile Passage überwunden hat und schnauft so sehr, dass mir seine heftig pumpenden Flanken an die Beine drücken. Apropos Beine: ich musste sie manchmal sehr schnell heben um den Felsen und Sträuchern auszuweichen, an denen mein Vierbeiner sehr knapp entlangstrich. Er sucht sich meist die Außenkurve. Die Blicke in steile Abgründe, die mir schon als Horrorvision beschrieben wurden, erlebe ich nicht. Ich habe zum Glück ohnehin keine Höhenangst. Die Tiere sind Lasten gewöhnt, schließlich gelangt alles Baumaterial und Proviant nur mit ihrer Hilfe nach oben. So sind für sie auch menschliche Lasten nichts Ungewöhnliches.

Tigernest Kloster

Es herrscht eine verzauberte, mystische Stimmung in dieser Stille. Die Nebelschwaden verschlucken zusätzlich noch Geräusche und dämpfen sie wie Watte. Ich bin wirklich froh, diesen einmaligen Aufstieg nicht bei knalligem Sonnenschein zu erleben. Rotblühende Rhododendronbäume leuchten fast unwirklich aus den Nebelschwaden. Wir fühlen uns bestätigt, den Reisetermin im Frühjahr gewählt zu haben, denn die Blütezeit der Rhododendron war ein großer Anreiz, in dieser Zeit zu reisen.

Hans und Kinley gehen zu Fuß und sind genauso schnell wie ich auf dem Pferderücken. Aber auch Kinley, der mit 38 viel jünger ist als Hans und ich, schnauft kräftig. Vor ein paar Jahren hätte ich diesen Aufstieg ohne zu zögern angetreten. Die vernarbten Folgen meines Herzinfarktes und die dünne Luft erlauben mir leider nicht mehr alles. Der Ritt war aber nur der kleinere Abschnitt. Er führte nur bis zum Teehaus, von wo aus man das erste Mal das Kloster sieht. Rotblühende Rhododendronbäume bieten den perfekten Vordergrund für Fotos mit dem einzigartigen Kloster. Nebelschwaden verhüllen es immer wieder und dann geben sie es für Minuten wieder frei. Das macht den Ausflug besonders spannend und reizvoll und die mystische Verschleierung passt so perfekt zum Charakter dieses spirituellen Gebäudes.

Wir steigen weiter bergauf. Kinley ist so freundlich und trägt meinen Rucksack. Er ist zwar nicht schwer, aber so gehe ich ohne jede Last, denn auf einen Regenschirm habe ich sowieso verzichtet. In den Bergen ist so ein Teil, das man uns heute Morgen in die Hand drücken wollte, nur hinderlich! Weiter oben gibt es nochmals ein paar Stellen, von wo aus man das Tigernest sehen kann. Natürlich muss man hier ein Foto schießen mit uns im Vordergrund, als Beweis, dass man hier war. Herrlich, zauberhaft, mystisch! Nun haben wir fast dieselbe Höhe wie das Kloster, aber wir müssen nochmals weit hinabsteigen auf hohen unregelmäßigen Steinstufen, dann geht es wieder hinauf.

Wir dürfen in den ersten Gebetsraum. Natürlich zieht man immer die Schuhe aus. Ich bin überwältigt. Ich habe inzwischen schon unglaublich schöne Klöster gesehen, vor hundert Jahren neu renoviert im altem Stil, wie auch dieses hier. Aber die Stimmung ist einmalig. Kinley wirft sich im Stil der buddhistischen Gläubigen mehrfach zu Boden. Er murmelt das Mantra ‚Om Mani Patme Hum‘, das hier „Om Mani Peme Hum‘, gesprochen wird. Es steht auf allen Gebetsfahnen und bittet um Schutz vor Bösen, um Wohlergehen und Freude. Das hat er bisher noch nie gemacht. Wir heben unsere gefalteten Hände zur Stirn und dann zur Brust. Wir hatten in Deutschland und Spanien nie die Möglichkeit mit den buddhistischen Traditionen aufzuwachsen und sie natürlich nachzuahmen. Deshalb war es eben seit vielen Jahren mein Traum und sehnlichster Wunsch ins buddhistische aller buddhistischen Länder zu reisen, wo ich mich religionsmäßig zu Hause fühle.

Im nächsten Raum wartet der Obermönch, Gläubige zu segnen. Wir gehören dazu! Wir spenden ein paar Geldscheine und erhalten eine Segnung. Das haben wir sicher wieder Kinley zu verdanken, denn er weiß, dass wir Buddhisten sind. Der Obermönch gibt uns Wasser in die zu Schalen geformten Hände. Wir streichen es uns über den Kopf bis zu den Schultern. Ein wenig davon soll man trinken.

Ich führe es auf die Segnung und die heilige Energie zurück, dass ich den Rückweg überlebe! Der Abstieg ist eigentlich der anstrengendste Aufstieg, denn man muss vom Kloster zwar erst einmal ein Stück hinunter über Stufen, dann aber viele, unendlich viele steile Stufen wieder hinauf. Hier erlebe ich meine Grenzen. Das ist mein Mount Everest! Dünne Luft, sehr steiles Gelände und meine Herzleistung ist eingeschränkt. Das merke ich leider. Den Rest schaffe ich gut, denn es geht auf Pfaden bergab. Inzwischen sind schon ganze Horden unterwegs und man muss zusehen, wie man sich gegenseitig ausweicht. Ich muss mich meines Ritts nicht schämen angesichts der jungen indischen Männer, die sich auch das erste Stück tragen lassen. Kinley meint, wir wären sehr schnell. Im Teehaus gibt es noch eine kleine Rast, dann führt der Pfad vorbei an Variationen in Rot der Rhododendronblüte hinab. Ich nehme die Außenkurven, wie es mein Pferdchen bergauf gemacht hat.

Mir schmerzen beide Knie, das verschraubte genauso wie das gesunde. Ich plumpse nur noch in den Autositz. Das war ein zauberhaftes, großartiges Erlebnis und jede Anstrengung wert!

Kyichu Lhakhang

Ob wir noch Lust auf einen Tempel hätten? Oh ja! Erstaunlich, ich dachte schon, nun kommt Lunch. ‚Kyichu Lhakhang‘ ist einer der beiden ältesten Tempel Bhutans und als einer der wenigen ersten Tempel noch original erhalten. Es ist einer der 108 Tempel, die der Legende nach alle in einer einzigen Nacht vom tibetischen König Songtsen Gampo erbaut wurden, um den Angriff auf die Ausbreitung des Buddhismus niederzuschlagen. 106 dieser Tempel liegen im tibetischen Gebiet. Der Sage nach wurde dieser hier im Jahre 659 gebaut, um den linken Fuß eines riesigen Ungeheuers festzunageln, das die Etablierung des tibetischen Buddhismus verhindern wollte.

Dieser Tempel ist verhältnismäßig klein und im Innern erkennt man erst, dass er wirklich sehr alt sein muss. Die Wandmalereien sind durch den Rauch der Butterkerzen über Jahrhunderte nachgedunkelt.

Heute ist der 14. April, Todesgedenktag von Rinpoche und viele Menschen kommen in Festtagskleidung um den Begründer des Buddhismus in Bhutan zu ehren. Sie verbeugen sich nicht nur, wie wir es tun, sondern werfen sich dreimal zu Boden, so wie auch Kinley es im Tigernest machte. Es ist nicht viel Platz hier drinnen und ich weiß nicht, in welche Ecke ich mich verdrücken soll um am wenigsten zu stören. Ich verbeuge mich auch vor der Buddhafigur, dem sog. Präsensbuddha. Rinpochefiguren gibt es mehrere. Er hat sich in acht verschiedenen Lebewesen manifestiert. Einmal sieht er sehr furchterregend aus, denn er musste gegen sehr viele Dämonen in dieser Gegend kämpfen. Im ersten Raum hatte es eine gute Energie – besser noch als im Tigernest. Dort werden wir mit einem Stab über dem Kopf gesegnet. Aber erst nachdem wir etwas gespendet hatten. Das gehört dazu, dass man etwas gibt bevor man etwas nimmt.

Der zweite Tempelbau ist eine Nachbildung des ersten und wurde 1970 hinzugefügt. Im Innenhof wächst ein Orangenbaum, der wundersamerweise zu jeder Jahreszeit reife Früchte tragen soll.

Fünf Positionen Buddhas

Buddha Shakyamuni
Die wichtigste Figur Buddhas ist der Buddha Shakyamuni. Es ist der historische Buddha. Es ist der eigentliche Buddha, der einst Prinz Siddhartha Gautama war. Er sitzt meditierend auf einer Lotusblüte, die Haare zu einem Knoten gebunden. In einer Hand hält er die Mönchs-Almosenschale, die andere Hand zeigt zum Boden. Hauptmerkmale sind die langgezogenen Ohren, das dritte Auge der Weisheit auf der Stirn, sowie die Erleuchtungs-

erhöhung auf dem dunklen (oft blauem) dichtgekräuselten Haar und eine goldene Hautfarbe.

Buddha Amithaba

Der Buddha des Lichts symbolisiert die Verwandlung von Begierde in Weisheit. Im Schneidersitz sitzend liegen beide Hände im Schoß. Hier handelt es sich um den Gegenwartsbuddha. Sein Körper hat oft eine rötliche Farbe.

Buddha Maytreya

ist der Buddha der Zukunft. Er sitzt meist auf einem Schemel, wobei seine Füße den Boden berühren. Seine Hände befinden sich vor der Brust.

Buddha Amitayus

ist der Buddha des langen Lebens. Er wird auch Buddha Tsepame genannt. Oft wird er mit roter Haut dargestellt. In der Hand hält er eine Vase als Symbol für langes Leben. Sie enthält ein Elixier für Unsterblichkeit.

Buddha Sangye Menlha

ist der Buddha der Medizin. Die Medizin gilt im Buddhismus als das Mittel, Leiden zu vermindern und das Leben zu verlängern um zur Erleuchtung zu gelangen. Dieser Buddha wird oft umgeben von Schalen mit medizinischen Pflanzen dargestellt. Er wird oft in Gruppen von acht gleichen Statuen aufgestellt. Er ist meistens tiefblau.

Acht medizinische Buddhas

Nach dem Lunch bietet man uns an, ob wir noch in die Stadt wollten. Wir besuchen nochmals eines der netten Kaffees, wo es leckeren Capuccino gibt. Zum Shoppen haben wir keine Lust mehr. Zum einen ist hier in Paro alles doppelt und dreifach so teuer als in Nepal, zum anderen ist das Personal unwillig und lustlos. Man merkt leider die Spuren, die der Tourismus hier schon hinterlassen hat. Paro war wohl der erste Ort, der von Touristen angesteuert wurde, dann Thimpo, viel später wurde erst

Punakha freigegeben. Das Haa-Tal, in dem wir gestern waren, ist seit Anfang 2002 zugänglich, wird aber noch nicht so viel besucht. Dort war man äußerst freundlich zu uns, Kinder winkten uns zu, man lächelte uns an und das Essen war mit besonders viel Sorgfalt zubereitet worden.

Von Bhutan nach Indien

Wir wollen Bhutan über den Landweg verlassen und haben das auch so gebucht. Unser Guide fährt nicht mehr mit uns mit, denn er wird am Flughafen schon die nächste Gruppe empfangen. Unser Fahrer soll uns nach Puentsholing bringen, uns noch zu einem Lunch einladen und die Grenzformalitäten mit uns erledigen. Es kostet dieselbe Tagespauschale wie wenn man uns zum Flughafen gefahren hätte.

Wir fahren um neun Uhr ab und Kinley hält das für ausreichend. Die Fahrt soll vier bis fünf Stunden dauern und über landschaftliche Höhepunkte führen. Das ist nicht nur symbolisch, sondern auch im Wortsinn gemeint, denn wir überqueren einen Pass.

Eine Strecke wurde ausgebaut und hat nun zwei Fahrspuren statt einer, weshalb man 45 Minuten Zeit einsparen könne, meint unser Fahrer. Sein Cousin darf die halbe Strecke mitfahren informiert uns Kinley. Die Landschaft ist zauberhaft. Wir fahren an einem Fluss entlang im engen Tal. Hier wird Strom erzeugt. Hydro-Elektrik ist der Wirtschaftsfaktor Nr. 1 noch vor dem Tourismus. Man verkauft Strom nach Indien. Vielleicht lässt man im Gegenzug deshalb so viele Inder ins Land, die natürlich nicht diesen Pauschalbetrag von 250 $ pro Tag und Person leisten müssen wie wir Westler.

Die Landschaft könnte schöner nicht sein! Wir müssen den Fluss überqueren und dort wird auch unser Pass kontrolliert. Unser Fahrer muss einige Fragen über sich ergehen lassen. Man überwacht sehr genau, ob sich die Touristen auf den vorher zu genehmigenden Routen bewegen. Nun winden wir uns auf der anderen Flussseite an steilen Abhängen wieder bergauf. Es ist fantastisch!

In Puentsholing gäbe es schönere Hotels als in der indischen Nachbarstadt Jaiagon, aber wir müssen ausreisen. Wir essen in einem noblen Hotel-Restaurant noch in Bhutan und der Cousin ist immer noch dabei. Unser Fahrer fragte mehrmals Passanten nach dem Weg. Auch schon, als wir davor standen und ich den Hotelnamen langsam vorlas. Ich habe den Eindruck, dass er das erste Mal in seinem Fahrerleben auch als Guide fungieren muss und entsprechend nervös ist. Vielleicht kann er eines Tages zum Reiseführer avancieren.

Wie gut das ist, dass wir uns noch den Bauch vollschlagen, werden wir heute Abend sehen. Wir fahren nicht etwa einfach durch das schöne Grenztor, nein wir müssen in ein extra Gebäude, in dem wir den Ausreisestempel erhalten. Das erste Gebäude ist falsch, das ist nur für Inder. Wir müssen wo anders hin. Unser Fahrer frägt zur Sicherheit immer mehrfach nach. Ich habe die Erklärung schon verstanden und muss mich zurückhalten, dass ich nicht ungeduldig werde und voranpresche. Wir tapsen die Hintertreppe wieder hinunter und gelangen in ein verstaubtes Hinterhofkabuff. Jetzt verstehe ich auch, warum man „Amtsstube" sagt und nicht Büro. Also, hierzulande verstehe ich das! Ein kleiner Verschlag, an dessen Eingangstür steht, dass Bhutanesen amtliche Räume nur in Landestracht betreten dürfen. Der ältere Herr arbeitet sehr zügig. Wir können an der Außenscheibe auf einem Display mitlesen. Nun noch einen Stempel in den Pass und wir sind draußen aus meinem geliebten Bhutan.

Indien

Nun sollen wir in Indien einreisen. Im immensen stockenden Verkehr sucht unser Fahrer aber nicht die Immigration, die auch irgendwo versteckt ist, sondern das Hotel. Ich denke, es wäre besser, erst einzureisen. Da stehen wir aber schon vor unserem Hotel und der Hotelmanager erwartet uns. Wir sollen doch erst aufs Zimmer gehen, einchecken. Dazu braucht die Empfangsdame unsere Pässe. „Wir müssen aber noch einreisen!", drängle ich bhutanesisch sanft. Zum Glück deutet der Hotelmanager auf die Uhr und meint, wir müssten uns beeilen, sie schlössen nämlich. Als wir endlich dort sind, ist es 14 Uhr. Zeit zu schließen. In einer Garage werden wir zunächst in einem großen Buch registriert. Mit Verhandlungsgeschick und Charme unseres Fahrers (auch ich versuche mich damit) bekommen wir von einem jungen Mann, der die beiden Schalter Ein- und Ausreise bedient, und schnell zu Einreise hinüberspringt, noch um 14.02 den Stempel. Uff, das war knapp! Wir hatten gelesen, dass die Einwanderungsstelle bis mindestens 17 Uhr geöffnet hat. Heute nicht, denn heute ist ein besonderer Tag, wie wir noch erfahren sollten.

Der Abschied von unserem Fahrer ist rührend. Er hat sich wirklich sehr viel Mühe gegeben, alles zu unserer vollsten Zufriedenheit zu regeln und das macht die kleinen Unbeholfenheiten mehr als wett. Wir verabschieden uns wie gute alte Freunde. Er umarmt uns sogar, obwohl es sehr untypisch für asiatische Länder ist, eine körperliche Nähe zu zeigen. Ich meine fast, Tränen in seinen Augen zu sehen, als er uns endlich unserem weiteren Schicksal überlassen muss.

Unser erster Eindruck vor dem Hotel ist Indien wie es leibt und lebt: eine Gruppe der Heiligen Kühe frisst sich durch einen Haufen Müll auf der Straße. Plastikmüll liegt überall und wir ertappen einen Rikschafahrer, der seine leer getrunkene Plastikflasche einfach aus dem Gefährt auf die Straße wirft. Wir sehen ihn provozierend an, blicken von ihm zu Flasche und von der Flasche zu ihm. Schließlich lacht er. Die tiefen gemauerten Abflussrinnen sind voll mit Müll. Auf den Straßen hupt jedes Fahrzeug. Die Hupe ist der wichtigste Teil eines Fahrzeugs. Eher fährt ein Auto ohne Lenkrad als ohne Hupe! Dieser Dreck und Lärm sind ein brutaler Kontrast zum sauberen und ruhigen Bhutan.

Heute ist Bengalisches Neues Jahr! (Wir befinden uns im Bundesstaat Westbengalen.) Eigentlich war es gestern am Sonntag, aber damit kein Feiertag verloren geht, wird auch am Montag gefeiert. Ich hatte mich schon gewundert, dass so viele Rollläden geschlossen waren und hatte schon verdächtig auf Feiertag getippt.

Das sollte uns noch mehr Probleme bereiten. Wir kommen nicht an Geld! Die ATMs haben entweder ebenfalls die Rollos unten oder sie spucken einfach kein Geld aus. Wir quetschen uns zwischen Müll und Dreck und stinkendem Verkehr in der schwülen Hitze durch die Straßen (welch ein Kontrast zu Bhutan!) und versuchen alle Automaten, zu denen man uns schickt. Fehlanzeige. Ein ‚Money transfer‘ soll auch Geld wechseln. Davor sitzt nur ein Wachmann, der nicht ein einziges Wort englisch spricht und auf Dollar genauso den Kopf schüttelt wie auf Euro. Englisch? Kopfschütteln. Was tun? Viel Bargeld zu tauschen haben wir ohnehin nicht mehr, denn wir hatten es hauptsächlich für das Trinkgeld von Guide und Fahrer mitgenommen. Der Guide bekam 140 $ und der Fahrer 100 €.

Frustriert schleichen wir herum. Indien ist einfach nur dreckig und viel zu voll! Wie kommt es nur, dass wir wieder in dieses Land wollten? Einer Eingebung folgend gehe ich zu einem Reisebüro hinauf, das etwas versteckt im ersten Stock liegt. Ein netter Herr, der ungewöhnlich gut englisch spricht, rät uns, auf der bhutanesischen Seite zu tauschen. Sein Bruder wäre dort und drüben gäbe es Geld. Hier seien wegen des Feiertages die Automaten nicht aufgefüllt worden. Er schickt uns noch zu einem Automaten, der oft noch Geld ausspucke, wenn alle anderen schon leer seien. Falls nicht, dann sollten wir zu ihm zurückkommen. Wir kommen zurück! Bei jenem Automaten waren auch die Rollläden heruntergelassen worden. Er ist so nett und telefoniert mit seinem Bruder und tauscht unsere restlichen 45 Dollar zu einem guten Kurs. Bei Euro ist er etwas zögerlicher, aber immerhin, wir können 50 € in Landeswährung umtauschen. Welch ein Glück! Lieber Gott, lieber Buddha, du hast uns Hilfe geschickt. Ich danke dir für Deine Eingebung! Immerhin können wir jetzt das Hotel bezahlen UND noch etwas essen. Aber ich habe gar keinen Hunger. Hier ist es schwül heiß, immerhin sind wir nur noch auf 200 m Höhe und das ist eine Umstellung von den 2200 m in Paro. Und es stinkt nach Auspuffgasen. Ich hole mir gleich wieder meine Atemschutzmaske heraus. Die Stadt ist einfach nur ätzend! Hans möchte noch in einem kleinen typischen Lokal essen und muss sich mit einem extrem scharfen Curry herumschlagen. Vertrauenserweckend wirkt das Lokal nicht. Nur Männer arbeiten hier, die keine Miene verziehen, schon gar nicht zu einem Lächeln. Englisch ist hier eine unbekannte Fremdsprache. Ich dachte immer, in Indien spräche jeder, der ein wenig Schulbildung genossen hat, englisch. Nicht in Westbengalen!

Das bengalische Neujahrsfest wird hauptsächlich in Bangladesh gefeiert, schwappte aber auch zu den Grenzgebieten herüber. Es wird religionsübergreifend und unabhängig von Ethnien gefeiert. Wir ahnungslose Touries kommen genau an diesem Tag an! Üblicherweise werden Verwandtschaftsbesuche gemacht und Geschäftsleute verteilen Süßigkeiten um neue Kunden zu werben. Die Banken haben nur am Sonntag geschlossen (nicht am Samstag). Aber mit dem Feiertag am Montag waren es eben zwei Tage, an denen nicht nachgefüllt werden konnte. Wie wir noch feststellen werden, ist es aber die neue Politik des jetzigen Premierministers Modi (seit 2014), das Geld zu verknappen. Ich hatte die Fernsehbilder vor ein paar Jahren schon wieder vergessen, als 2016 die Menschen Schlange an den Automaten standen und froh sein mussten, wenn sie 5000 Rupies ausgezahlt bekamen. Am 8. November 2016 hatte der Premierminister über Nacht die Fünfhunderter- und Tausender-Rupiescheine für ungültig erklärt und sie mussten bis Jahresende eingezogen werden. Der Sinn dieser Aktion war die Bekämpfung von Korruption, Schwarzgeld und Geldfälscherei. Deshalb wurde der Schritt streng geheim gehalten, um niemandem die Chance zu geben, sich darauf vorzubereiten.

Ich will nur weg von Auspuffgasen und Müllbergen in den Straßen und Abflusskanälen. Im sauberen Zimmer, das über die berauschende Aussicht auf einen unfertigen Rohbau in einem halben Meter Entfernung verfügt, ist es wenigstens sauber. Ich lege mich aufs Bett und schlafe trotz des immensen Lärmpegels von der Straße – ohne Hupen geht eben gar nichts – und des Türenschlagens und Schreiens im Hotel sofort ein und bleibe gleich bis morgens liegen.

Unser Fahrer, von Kinley organisiert, kommt pünktlich. Unser Hotelmanager hat ihn extra noch angerufen, da wir schon etwas früher fertig waren. Schließlich gab es kein Frühstück, außer dem Chai, den ich beim Hausboy organisiert habe. Das ist auch so ein klapperdürres Krischperl, sehr dunkelhäutig und es spricht kein Wort englisch. Nicht mal ‚tea‘ verstand der Boy, weshalb ich es mit ‚Chai‘ versuchte.

Unser Fahrer hat ein gutes Fahrzeug, einen Mittelklasse-Toyota, der auch innen pieksauber gereinigt ist. Der Chauffeur ist ordentlich gekleidet und hat das Fahrzeug schon auf Kühlkammertemperatur heruntergekühlt. Das gilt wohl als Statussymbol.

Als wir die stinkende, dreckige und laute Stadt endlich verlassen haben, überraschen uns links und rechts Teeplantagen. Diese hätten wir in dieser niedrigen Höhenlage bei dem tropischen Klima nicht erwartet. Das Grün der Teesträucher ist wohltuend für das Auge. Vor uns fährt ein Lkw, der vollgepfercht ist mit Teepflückerinnen. Sie stehen im Laderaum hineingeschichtet wie die Sardinen und manche müssen sich hinten außen festklammern. Sie fahren zur Arbeit auf die Plantage.

Es gibt hier im Tiefland auch zwei Nationalparks, in denen alle wilden und exotischen Tiere vorkommen sollen. Einer hat derzeit geschlossen. Es ist aber generell sehr schwierig, eine Lodge zu buchen und Jeeps stehen oft gar nicht zur Verfügung.

Unser Fahrer spricht mangels besserer Englischkenntnisse sehr wenig, ist aber sehr zuvorkommend. Er stoppt bei einem Tee-Lokal und wir probieren gleich den besten: First flush. Er schmeckt so blumig und lieblich, hat aber doch einen herben Abgang. Teekenntnis ist mindestens so eine Wissenschaft wie Weinkenntnis. Es gibt ‚super premium leafes, premium leafes, broken leafes‘ und noch zwei weitere Kategorien. Dann entscheidet noch die Erntezeit: Frühling, Sommer und Herbst, genannt ‚first flush, second flush und autumn flush‘. ‚First flush‘ sind die ersten Teeblätter die im Frühjahr getrieben haben. Sie werden besonders geschätzt, da die Blätter den ganzen Winter Zeit hatten, Mineral- und Aromastoffe anzureichern. Dann kommt die zweite Ernte im Sommer. Für die bessere Qualität werden die Blätter einzeln gepflückt, danach schneidet man mit der Schere für die mindere Qualität.

Nach etwa drei Stunden gelangen wir in höhere Gefilde und die Vegetation ist urig und dschungelig. Wir begleiten immer höher oben einen Fluss, auf dem man Wildwasserrafting betreiben kann. Viele Fahrzeuge haben große Schlauchboote auf dem Dach. Der Fluss sprudelt munter daher und hat bestimmt etliche Stromschnellen. Es erinnert mich an die Isar-Schlauchbootfahrten. Bald werden

die Ufer immer höher und steiler und wir bestaunen die
farbenfrohen Häuser, die in den steilen Hang gebaut sind.

Sikkim

Wir müssen an der Grenze zu Sikkim zur Immigration,
obwohl Sikkim zu Indien gehört und wir für dieses Visa
haben, muss ein separates Permit ausgestellt werden. Wir
kommen vor einem jungen Mann an die Reihe, der dem
Aussehen nach kein Westler ist. Er ist ziemlich erbost
darüber. Es geht recht zügig, da wir Pass- und Visumko-
pien in Farbe und Passfotos schon vorbereitet haben.
Drei Frauen sind mit der Permitausstellung beschäftigt.
Ich lächle einer zu, die gerade untätig herumsitzt. Sie
winkt mir, ihr die Pässe auszuhändigen, während die andere Dame mit der Registrierung und dem Ausfüllen des
Permits beschäftigt ist. Sie stempelt die Einreise nach
Sikkim in unsere Pässe. Wie lange wir bleiben, fragt mich
die ausfüllende Dame? „Ca. 14 Tage“. Hans korrigiert
mich von seinem Wartesitz aus: „10-12 Tage.“ Prompt
trägt sie nur 10 Tage ein. Maximal gibt es 15 Tage mit
Verlängerungsmöglichkeit. Wenn man im Norden
Sikkims Trekking machen will, braucht man nochmals ein
Permit und kann nur über eine Agentur losgehen. Was
der Sinn dieser Kontrolle und Einschränkung ist, erschließt sich mir nicht ganz. Befürchtet man, dass vielleicht ein Westler sich über die Grenze nach Tibet oder
China einschleichen will??

Gangtok ist eine schnell wachsende Stadt und das merkt
man. Wir fahren schon endlos im Schritttempo durch
bebaute Gegend, sind aber noch längst nicht in der Stadt.

Sie hat jetzt offiziell 100.000 Einwohner, zielt mit Vororten aber vielleicht schon auf eine halbe Million hin.

Wir brauchen noch Bargeld sonst können wir den Fahrer nicht bezahlen. Die ATMs spucken nur zögerlich Geld aus, manche gar nicht und Hans ist glücklich, dass er zweimal 10.000 Rupies bekam.

Gangtok

Wir schlängeln uns immer höher hinauf in den oberen Teil der Stadt, immer im Schritttempo und immer fast auf Tuchfühlung oder besser gesagt Außenspiegelfühlung mit dem Gegenverkehr. Fußgänger haben eigentlich keine Chance, aber sie versuchen doch, an den Blechkarawanen vorbeizukommen.

Inzwischen wird es grün, Bambus neigt sich über die Straße und es blühen überall pinkfarbene Azaleen. Nun müssten wir bald da sein. Endlich sind wir das auch. Ich entdecke ein Schild ‚Mintokling Guesthouse'. Auch das hat uns auch Kinley für uns organisiert. Er kennt Pema, die Chefin. Unser Zimmer hat einen schönen Blick in den Garten, aber auch auf große schwarze Wassertanks. Von den Bergen zeigt sich im Moment nur die vordere grüne Linie. Die weißen Riesen verhüllen sich. Das Zimmer selbst ist sauber, ziemlich groß und funktionell eingerichtet. Soll angeblich tibetisch sein, entbehrt aber jeglichen Charmes. Noch sind wir aber zufrieden. Wir haben nach zwei Seiten Fenster, was den Raum hell macht. An Ruhe ist aber leider nicht zu denken, da nebenan auf einer Baustelle geklopft, gehämmert und geflext wird. Nach einer Weile flüchten wir in die Stadt hinunter.

Man hat die Wahl, sich zwischen den Autos und Auspuffgasen entlang zu quetschen oder Abkürzungen über extrem steile und glitschige Treppen zu nehmen. Wir probieren letzteres. Bergauf werde ich die aber bestimmt nicht gehen! Wir versuchen noch einmal, an Geld zu kommen. Sobald einer in das Kabuff geht und länger als drei Sekunden drinnen bleibt, bildet sich sofort eine Schlange. Woher die Menschen nur so plötzlich kommen? Sie werden magnetisch angezogen wie die Motten vom Licht. Ich bin umsonst angestanden, da ich für meine Karte einen Automat mit Visaplus-Zeichen brauche, was dieser nicht hat. Einige Frauen, die wie Chinesinnen aussehen (hier weiß man das nicht, denn es gibt alle ethnischen Gruppen) beginnen eine ‚Ladies queue‘. Dem Mann, der hinter uns angestanden ist, gefällt das gar nicht und er zwängt sich schnell hinein, als ich herauskomme. Hans meint im Spaß: „Das ist eine ‚restricted area‘. Man braucht ein ‚Inner Line Permit‘!“ Das verstehen die meisten Inder hier nicht – sie wissen vielleicht gar nicht was das ist, lachen aber doch, weil man die vorwitzigen Frauen ausbremsen will. In Indien gibt es eine ‚Ladies queue‘ (Damenschlange), der einzige Vorteil, den Frauen in Indien haben.

Wir stolpern noch in ein winziges Reisebüro, in dem ein junger, chinesisch aussehender Mann sehr gewieft berät. Er wisse, was Deutsche wollen. Er war Trekkingguide und hatte auch Gäste von Hauser und einem anderen renommierten Reiseveranstalter. Er bietet uns eine Drei-Tage-Tour nach Norden an. „Nein, nein kein Trekking, das habe ich schon verstanden, nur Sightseeing mit Übernachtung in Lachung und Lachen und Besichtigung eines Sees." Das Bild das in seinem winzigen Kabuff hängt, ist wirklich nicht einladend. Nur Geröll um den See herum. Vielleicht ist es für Inder aus den heißen Städten interessant. Drei Tage – zwei Nächte pro Person 120 €. Sehr günstig! Wir wollen es uns überlegen. Als wir ein paar Schritte gehen, fängt es heftig zu schütten an. Wir flüchten uns ins ‚Dragon Wok', in dem man gemütlich und vor allem trocken ein Bierchen trinken kann. Die Speisekarte bietet chinesische Gerichte. Viel Hunger haben wir nicht, da wir bei Ankunft im Hotel etwas gegessen haben. Im Internet findet Hans den cleveren Touranbieter mit abgrundschlechten Bewertungen. Nicht gehalten, was versprochen usw. Ein Betrüger also?

Als wir zurückkehren, sind alle Nachbarzimmer bewohnt von einer indischen Großfamilie. Die großen und kleinen Familienmitglieder rennen hin und her von einem Zimmer zum anderen, unterhalten sich lautstark vor unserer Tür, schlagen Zimmertüren und wir sind mittendrin. Hans geht hinaus und fragt höflich, was sie da machten.

„Wir chatten!"

„Aha, wir schlafen!"

„Oh sorry!"

Immerhin ist bald darauf um kurz nach zehn Uhr Ruhe.

Am frühen Morgen um halb sechs ist die Familie wach und um sechs Uhr beginnt man nebenan irgendwelche

Rohre zu klopfen. Nicht kompatibel mit einem morgendlichen sanften In-den-Tag-gleiten.

Beim Frühstück entschuldigt sich ein Mann der indischen Großfamilie für die Unannehmlichkeiten, beim Abreisen am Bus dann auch noch eine Frau bei mir persönlich. Sie nimmt meine beiden Hände und erklärt mir, sie hätten solche Probleme, man hätte ihnen drei Flüge gestrichen und keinen Ersatzflug angeboten und das mit Kindern! Wir lächeln uns an. Das hat wenigstens Stil! Ich lächle auch, aber wenn ich ganz ehrlich bin, eher deshalb, weil sie abreisen. Unser Frühstücksmann hatte uns das schon angekündigt. Auch Pema hatte nachgefragt, ob sie sehr störend gewesen seien. Ich berichte von Baustelle und Inderfamilie. Bin aber sehr defensiv. Sie erwähnt mit keinem Sterbenswörtchen, dass am Abend die nächste indische Familie unser Zimmer umringen wird. „Ja, ja Inder sind laut!" Sie ist also keine Inderin. Aussehen tut sie wie eine Chinesin. Die Sikkimesen sehen sich ohnehin nicht als Inder. Sie gehören erst seit 1975 zu Indien und waren vorher ein eigenständiges Königreich.

Geschichte Sikkims

Sikkim ist ein indischer Bundesstaat im südlichen Himalaya zwischen Nepal, China, und Bhutan. Mit einer Fläche von 7096 Quadratkilometern und gut 600.000 Einwohnern (Volkszählung 2011) ist Sikkim der flächenmäßig zweitkleinste und der Einwohnerzahl nach kleinste Bundesstaat Indiens. Der Freistaat Bayern ist flächenmäßig zehn Mal so groß. Die Hauptstadt Sikkims ist Gangtok.

Wegen seiner exponierten Lage und der Zugangsmöglich-
keit von Indien nach Tibet erlangte Sikkim schon vor
langer Zeit strategische Bedeutung. 1641 wurde Sikkim
Königreich und musste im 18. Jh. den Verlust von Land
an Nepal, Bhutan und die Briten hinnehmen.

Sikkim hat eine lange traditionsreiche Geschichte. Ange-
fangen hat es mit dem ersten Volk, das Sikkim besiedelte,
die Lepcha. Das Völkchen stammte ursprünglich aus
Assam und Myanmar und siedelte im 13. Jahrhundert
über. Es kamen zwei Jahrhunderte später die Bhutia hinzu, die auch Khamba genannt werden. Diese wurden aus
religiösen Gründen verfolgt und fanden hier Zuflucht.
Unmittelbar darauf wurde der Buddhismus von drei ge-
flüchteten tibetischen Lamas in diese Region gebracht.
1641 wurde Phuntsog Namgyal zum ersten König (Chog-
Yal). Die Hauptstadt änderte sich einige Male. Zunächst
fand man sie in Rabdentse, dann in Tumlong und schließlich in Gangtok.

Die Chogyals regierten in ihrer Blütezeit selbst den Osten
Nepals, das obere Bengalen und Darjeeling, wovon letztlich aber ein Großteil wieder an Bhutan und Nepal verloren ging. Während des 19. Jahrhunderts wurde Sikkim
von unzähligen Hindus bevölkert, die bis heute noch den
Großteil der Bevölkerung darstellen. Im Jahr 1835 wurde
durch die Briten veranlasst, dass Darjeeling an Ostindien
abgegeben wird (durch Bestechung). Dies geschah nicht
ohne Protest Tibets, da es Sikkim als seinen Vasallenstaat
sah. Dies führte in der Zeit immer wieder zu Ausschrei-
tungen bis letztlich die Briten (1849) das Gebiet besetz-
ten. Auch der Versuch der Tibeter, erneut in das Land
einzudringen, war vergebens. Francis Younghusband stieg
1903 zur Grenze hinauf und provozierte mit nur einer

kleinen Soldatenzahl einen Aufstand. Diesen Aufstand nahm er als Anlass, nach Tibet vorzudringen. Der letzte Chogyal bekleidete von 1963 bis 1975 den Thron, von dem er jedoch abgesetzt wurde wegen Aufständen der nepalesischen Bevölkerung. 1975 war das Ende des unabhängigen Königreiches Sikkim, seither gehört es zu Indien. Sikkim ist eine saubere Insel im vor Dreck starrenden Indien.

Ausflug zum View Point

Öffentliche Transporte innerhalb der Stadt haben wir nirgends entdeckt. Wir hätten ohnehin darauf verzichtet, da man leicht Platzangst in den überfüllten Bussen, Minivans oder Zügen bekommen kann. Wir haben ein Taxi gebucht, das uns hinauf zum ‚View Point‘ bringt. Von hier aus sieht man in alle Himmelsrichtungen, überall grüne, manchmal weiße Berge. Traumhaft schön hier bei Sonnenschein! Wir lassen uns auf der Rückfahrt bei der Blumenausstellung absetzen. Sie verspricht mehr als sie hält. Immerhin hat sie wunderschöne Orchideen anzubieten. Dann wandern wir oben am ‚Ridge‘ entlang und man erkennt jetzt, dass es nur ein schmaler Felsstreifen ist, der hier oben entlangführt, links und rechts fällt es sehr steil ab. Das ‚Monastery‘, das am Weg liegt, hat leider geschlossen. Zurück im Hotel haben wir Vorstellungen von Ausruhen. Allerdings deckt sich Wirklichkeit und Fantasie nicht, denn nebenan wird fleißig am Bau gearbeitet. Wir wollen zum Abendessen noch einmal das Haus verlassen. Bis dahin erkennen wir, dass wir auch heute Zimmernachbarn aus Indien haben werden. Eine andere Großfamilie. Sie schaffen es noch besser, die Türen zu schlagen und herumzuschreien. Wir beschließen, möglichst lange außer Haus zu bleiben, bis diese im Bett sind.

Ich schimpfe lauthals als wir weggehen. Unser Mann vom Restaurant kriegt es ab und dann kommt auch Pema heraus und ich wettere: „Wir können zu keiner Zeit ausruhen, nicht am Nachmittag, nicht abends, nicht morgens. Warum haben Sie uns nicht gesagt, dass die nächste Großfamilie kommt. Wir hatten besser heute Morgen ausgecheckt!" Das hätten wir vermutlich tatsächlich, wenn wir nicht im frohen Glauben gewesen wären, dass die Familie abreist.

Bei unserem Stadtausflug entdecken wir ein Hotel mit Bar, das sehr hübsch am Hang gelegen ist. Die Bar ist gepflegt und hat sehr zivile Preise. Im Internet taucht das ‚Tangerine' aber nicht auf. Viele junge Leute halten sich hier auf. Entweder sind das alles Sprösslinge aus reichem Haus oder das Hotel ist preiswerter als es aussieht.

Als wir zurückkommen, steht eine Inderin im wallenden Nachthemd vor uns und erschrickt nicht schlecht. Wir waren durch das Schlüsselgeräusch schon auf eine sich öffnende Türe vorbereitet. „Good night!", grüßen wir schon fast provokativ. Das Gute ist, dass sie auch bald alle still sind.

Am nächsten Morgen werden wir für alle erlittenen Unannehmlichkeiten entschädigt. Vom Bett aus erblicken wir von der Morgensonne rötlich bestrahlt den 8.590 m hohen Kanchendzonga und das gesamte dazugehörige weiße Bergmassiv. So schnell bin ich wohl noch nie aus dem Bett gehüpft und schnappe mir das nächstbeste Fotografiergerät – es ist mein Handy - und schieße im Halbsekundentakt. Auf so etwas warten manche wochenlang!

Gangtok - Ravangla

Wir haben das Taxi für neun Uhr bestellt. Unser Fahrer von gestern soll uns nach Ravangla bringen. Wir haben gegenüber früheren Reisen komfortmäßig aufgestockt. Früher hätten wir uns in einen dieser Landrover gequetscht, die als Sammeltaxi dienen und vollgestopft werden bis unters bzw. über das Dach.

Die Fahrt könnte nicht schöner und interessanter sein! An steilen Abgründen vorbei, durch provisorisch freigelegte Erdrutschstellen, auf Schotterpisten, fast immer nur einspurig, chauffiert uns der Fahrer geschickt. Bei Gegenverkehr hat einer die Chance, in der zumeist betonierten Regenrinne zu landen und der andere im extrem steilen Abgrund. Unter tausend Meter steilstem Abhang läuft hier gar nichts! Unser Fahrer schafft das ohne Absturz – wie so viele andere auch. Die Sonne scheint und wir bedauern nur, dass wir keine Fotos machen können, denn zum einen wackelt das Fahrzeug wie verrückt und zum anderen erkennt auf man auf dem Foto niemals, wie steil das alles ist.

Ravangla

Wir erreichen Ravangla um die Mittagszeit und erkennen schon aus der Ferne die riesige goldene Buddhastatue, die auf einem der zahlreichen Hügel thront.

Unsere Hotelbetreiberin kommt wie eine Bäuerin daher und ich halte sie zunächst nicht für die Chefin. Sie rät uns, zu Fuß zum Buddha-Park zu gehen. Die Statue sei in Fußentfernung und gut zu schaffen. Nur kein Taxi nehmen, das koste 200 Rupies und man sähe nichts von der schönen Natur. Auch zurück nicht, wenn überhaupt, dann nur vom Ort und nicht vom außerhalb gelegenen Buddha-Park. Außerdem sollten wir erst um drei Uhr gehen, da hätten wir dann auch gleich eine Nachtstimmung. „Nachtstimmung?" Meint sie vielleicht Abendstimmung, Ihr Englisch ist vielleicht nicht perfekt. Nachts wollen wir hier bestimmt nicht mehr herumspazieren, zumal man alles auf der Straße gehen muss. Die Verkehrssitten kennen wir ja schon. Der Fußgänger ist unterste Hierarchie. Da weicht man noch eher den zahlreichen, überall herumliegenden Hunden aus, den Kühen sowieso. Wir befinden uns aber mindestens sechs Kilometer außerhalb des Ortes und zum Buddha-Park sind es noch einmal etwa drei Kilometer. Das eruieren wir aber erst später.

Wir haben einen Bungalow gemietet, der nicht billig ist. Es riecht ein wenig komisch hier drinnen, vielleicht nach den Baumaterialen. An Wänden und Boden hat man eine Art Laminat verlegt. Heller wird es, wenn man die Balkontüre öffnet. Vor uns liegt offensichtlich eine Kardamomplantage. Es gefällt uns, dass wir mitten in der Natur sind, abseits von Auspuffgasen und Straßen- und Menschenlärm. Wie wir noch feststellen werden, stimmt jedoch das Preis-Leistungsverhältnis überhaupt nicht. Das Warmwasser reicht nicht einmal zum Waschen meiner kurzen Haare. Apropos: waschen. Die Wäsche müsste man in den Ort bringen, dort dauere sie drei bis vier Tage. Wir könnten aber selber waschen. Könnten wir! Wollen wir?

Wir ruhen uns tatsächlich während des schönsten Sonnenscheins in der Hütte aus und versuchen gegen 14.30 Uhr loszumarschieren. Ich bekomme aber bei der ersten Steigung schon keine Luft mehr! Wir liegen hier ziemlich hoch. Das ist verrückt, dass wir den ganzen Weg laufen wollen! Wir kehren um und haben Glück, vom Transporter des Hauses gratis mitgenommen zu werden. Das ist wirklich eine ganz schön lange Strecke! Den Weg vom Ort zum Park gehen wir zu Fuß. Leider sieht es am Himmel recht schwarz aus und bevor wir zu Ende denken können, dass wir bestimmt nicht trocken bleiben, fängt es an zu schütten. Hans findet einen spärlichen Vorsprung. Meine Füße werden tropfnass und ich gehe weiter nach oben bis zum Eingang. Bei diesem Wetter macht es keinen Spaß, den Park zu besuchen und wir verschieben es auf morgen. Als es zu regnen aufhört, scheint wieder die Sonne und beleuchtet den Buddha. Golden glänzend im milden Nachmittagslicht wirkt er noch erhabener. Im Hintergrund öffnen sich die Wolkenvorhänge und geben sogar die weißen Bergriesen frei. Wir marschieren wieder in den Ort hinunter und können unterwegs noch überdacht im Freien essen. Ich nehme wieder das Nationalgericht ‚Takpo‘, ein Hühnernudeleintopf. Kaum sind wir wieder im Freien, zeigt das Wetter, was es noch drauf hat. Jetzt hagelt es! Ein Unterstand ist gefragt. Hier sind auch Taxis. Der erste Fahrer nickt zunächst, ich solle einsteigen, aber als Hans dann dazukommt, meint er, er sei ‚busy‘ und fährt ohne uns davon.

Ein anderer kennt das Hotel nicht, obwohl wir das nahegelegene Institut, das College erwähnen. Möglicherweise sprechen wir den Namen falsch aus. Hans zeigt es ihm auf dem Handy. Anscheinend kann er aber nicht englisch lesen, denn nach gefühlten fünf Minuten fragt er wieder, wie das Hotel heiße. Dass die Fahrt 300 Rupies kosten solle, weiß er aber schon. Auf keinen Fall! Nur 100 Rupies! Ich frage in einem der kleinen Budengeschäfte, wo man ein Taxi bekommen könne. Gleich hier! Und deutet auf die geparkten Autos. Tatsächlich sitzt in einem jemand drin. Der Fahrer kennt das Hotel. Inzwischen habe ich auch gelernt, wie man es richtig ausspricht, und er fährt uns problemlos für 100 Rupies nach Hause.

Hier sitzen wir dann bei Regengüssen und Gewitter im Dunkeln, weil der Strom abgeschaltet wurde. Ein Boy bringt uns ein Notlicht. Später klopft es wieder und er möchte unsere Abendessensbestellung aufnehmen. Wir sind aber noch satt! Es ist kalt und ungemütlich und wir beginnen uns schon zu fragen, was wir hier wollen. Hans kriegt die Krise.

Für Morgen bestellen wir den gleichen Fahrer wieder für die Fahrt zum Buddhapark. Später erweitern wir auf Ralong mit einem alten und einem neuen Kloster in etwa zehn Kilometer Entfernung.

Das Wetter ist strahlend und wir haben immer gute Sicht und wunderbare Ausblicke in tiefste Schluchten und auf höchste Berge. Der Himalaya lässt sich hier nicht lumpen.

Buddhas Leben

Im Buddhapark kann man unterhalb der etwa 50 m hohen Statue in einen Raum treten mit spiralförmigem Aufgang. Wandbilder zeigen die Lebensstationen Buddhas an und Tafeln geben die Erklärung dazu. Alles in Englisch, nicht in Landessprache. Gut für uns.

Buddha wurde irgendwann zwischen 560 und 480 vor Christus als Sohn eines Königs geboren. Nachdem die Ehe 20 Jahre kinderlos war, freute man sich über die Maßen über einen Nachfolger. Man gab ihm den Beinamen Siddharta, was so viel wie „alle Wünsche gehen in Erfüllung!" bedeutet. Sein Geburtsort ist Lumbini in Nepal. (Wir haben diesen nicht besichtigt, da er wenig spirituell-buddhistische Ausstrahlung haben soll und für uns hätte es aber eine weite, zeitraubende Fahrt bedeutet.)

Die Mutter von Gautama Siddharta starb kurz nach der Geburt und er wurde von ihrer Schwester mit aller Liebe großgezogen. Er absolvierte Schulen, studierte, aber verließ nie den Königspalast. Man kann sich fragen, heißt es auf der Tafel, warum er nicht aus einem Lotos entsprungen ist, wenn seine Bestimmung doch klar war, ein Erleuchteter zu sein. Er sollte aber den Menschen zeigen, dass jeder normal Geborene und Sterbliche das könne, sonst wäre diese Botschaft nicht glaubhaft gewesen.

Dem kleinen Königssohn wurde prophezeit, dass er entweder ein mächtiger Weltenherrscher oder aber ein spiritueller Lehrer werden sollte. Siddhartas Vater war das mit dem Weltenherrscher lieber und er meinte, ihm ein süßes, verwöhntes Dasein bieten zu müssen als beste Vorbereitung auf diese Aufgabe. Er schirmte ihn auch innerhalb der Palastmauern von jeglichem Leid ab, um ihn für Spirituelles untauglich zu machen. Aber Siddharta konnte den Reichtum nicht genießen. Als schon Erwachsener verließ er immer wieder die Königlichen Gärten und sah Siechtum, Alter und Krankheit. Er erkannte, dass es davor kein Entrinnen gab. Er fragte sich immer: Woher kommt das Leid und wie kann es überwunden werden? Seine Erkenntnis war, dass der einzige Weg, um dieses Leid zu vermeiden, nur nach innen führt.

Er erlebte alle Freuden und Lust des weltlichen Lebens mit Frauen und Vergnügen. Das genügte ihm aber nicht, weshalb er mit 29 Jahren den Palast für immer verließ.

Er lernte von verschiedenen Meistern und erfuhr schon bald höhere Bewusstseinszustände. Irdisches Glück suchte er nicht mehr, da er wusste, dass es vergänglich ist. Er stürzte sich in eine extreme Askese. Allerdings machte das seinem irdischen Körper zu schaffen und er wurde sehr dünn und krank. Wieder kam ihm eine Erkenntnis: Verneinung ist nicht dasselbe wie Freiheit.

Daraufhin ging er den Weg der Mitte. Er begann wieder ein wenig zu essen, was seine treuen Gefolgsmänner als Verrat empfanden. Siddharta setzte sich unter eine Pappelfeige, die heute Bodhi-Baum heißt, und beschloss, so lange zu meditieren, bis er den Zustand des Leids überwunden habe und aus dem Schlaf der Unwissenheit erwacht sei. In der Zeit wurde er hart geprüft. Man bedrohte ihn mit tödlichen Waffen und versuchte ihn zu erschrecken und wütend zu machen. Er blieb heiter und ruhig. Dann sandte man ihm die schönsten Frauen um ihn zu verführen. Er blieb gelassen und ruhig. Er meditierte sechs Jahre lang.

Er wurde erleuchtet. Seine abtrünnigen Freunde kamen wieder und spürten seine Ausstrahlung, ein Leuchten, das von innen kam. Das wollten sie auch. Sie drängten Siddharta zu lehren. Widerstrebend tat er es, obwohl es für das, was er lehren wollte, eigentlich keine Worte gab. Er unterrichtete jedoch 45 Jahre lang.

Er lehrte

Die vier edlen Wahrheiten

1. Irdisches Leben ist mit Leid verbunden.
     a. Alter
     b. Krankheit
     c. Sterben
     d. Umgeben sein von Menschen, Dingen und Umständen, die man nicht mag
     e. Was man will, das kriegt man nicht
2. Leid wird durch Begierde verursacht.
3. Begierde kann durch tugendhaftes Leben und Meditation überwunden werden, durch den "Achtfachen Pfad".
4. der Achtfache Pfad basiert auf Rücksichtnahme und Erkenntnis.

Die alltäglichen Erfahrungen erzeugen noch kein Leid. Leid entsteht erst durch die eigene Bewertung, das Einteilen in Gut und Schlecht.

Der Edle Achtfache Pfad

ist eine der Grundlagen buddhistischer Praxis. Dabei geht es im Wesentlichen darum, alle Arten von Extremen zu meiden und das Bewusstsein im Umgang mit der Außenwelt zu steigern. Die Lehre des Achtfachen Pfades entstammt den direkten Erfahrungen Buddhas, der zu Lebzeiten vor allem mit streng asketischen religiösen Praktiken konfrontiert worden war.

Zum Weg des Buddhisten gehört der achtfache Pfad der Selbstdisziplin:

1. Rechte Ansicht
2. Rechter Entschluss
3. Rechte Rede
4. Rechtes Verhalten
5. Rechte Lebensführung
6. Rechte Anstrengung
7. Rechte Achtsamkeit
8. Rechte Sammlung

Das stellt für mich einen großen Kontrast zu den katholischen zehn Geboten dar, bei denen es immer heißt „Du sollst nicht …" Für jemand, der sich mit Mentaltraining befasst und gelernt hat, dass das Unterbewusstsein keine negativen Botschaften erfassen kann, klingt der buddhistische Weg viel stimmiger. Man kann sich etwas nicht nicht vorstellen. Beliebt ist das Beispiel des rosaroten Elefanten, den man sich NICHT vorstellen soll. Es geht nicht: entweder ist der Elefant in rosa präsent oder man muss sich gleich etwas ganz anderes vorstellen. Wenn man dann noch weiß, dass das Gedachte angezogen und herbeigeführt wird, ist es es gut, aufzupassen, was man denkt. Das Unterbewusstsein würde also bei „Du sollst nicht töten" einfach nur „töten" verstehen.

Anders als andere Religionen hat der Buddhismus keine feststehenden Traditionen oder Lehren. Das Schöne am Buddhismus ist, dass man alles selbst herausfinden darf und gar nichts glauben muss.

Im Mittelpunkt buddhistischer Praxis stehen daher eher Übungen und bestimmte Lebenseinstellungen als dogmatische Schriften oder Weltbilder. Grundlage des Buddhismus ist der Kreislauf (Samsara) von Geburt und Wiedergeburt (Reinkarnation). Das Ziel des Menschen ist es, durch ethisches, tugendhaftes Verhalten (Dharma), Versenkung (Samadhi), Gemeinschaft (Sangha) und die Entwicklung von Mitgefühl und Weisheit (Prajna) diesen Kreislauf der Reinkarnationen zu durchbrechen. Am Ende dieses Weges steht das Erwachen (Bodhi) und schließlich der Ausstieg aus dem Kreislauf und das ewige Sein (Nirvana). Diese Zustände der Erlösung können im Buddhismus durch die Vier Edlen Wahrheiten erreicht werden. Buddha rät sowohl vom ausschweifenden Sinnesleben ab, als auch von der extremen Abkehr von allem Weltlichen und hebt in allen Dingen eine maßvolle, bewusste und soziale Lebenseinstellung als den buddhistischen Weg hervor.

Ein wesentliches Merkmal im Buddhismus ist die Tatsache, dass es keinen Gott gibt. Kein Wesen aus himmlischen Gefilden lenkt von außen die Geschicke des Menschen. Buddha sein bzw. werden kann jeder, denn jeder Mensch hat die Anlagen dafür in sich und muss sie nur noch entwickeln. Buddha ist dabei das Vorbild, wie man zur Vollkommenheit gelangen kann. Solange man nicht erlöst ist von den leidvollen Bindungen, wird man im Rad der Wiedergeburten gefangen sein. Man muss nicht zwangsläufig als Mensch wiedergeboren werden. Es gibt Inkarnationen auch in der Welt des Götterreichs, im Reich der Geister, der Tiere und auch im Reich der Dämonen.[8] Jede Inkarnation endet mit dem Tod und währt demzufolge auch nicht ewig. Geborenwerden und Sterben ist der Kreislauf des Daseins.

Karma ist ein Thema, das uns in der westlichen Welt ein wenig fremd ist. Wörtlich heißt Karma „das Geschaffene“, „das Getane“. Allerdings ist ein Leben ohne jegliche Taten nicht vorstellbar. Wenn aber jede Tat zu neuem Karma führt, wie kann man diesem Kreislauf entkommen? Buddha meint, nicht der Vollzug der Tat, sondern die Absicht der Tat ist entscheidend und bestimmt die karmische Zunkunft des Handelnden. Das Motiv, die geistige Einstellung sind maßgeblich für das Karma. „Ohne karmische Auswirkung ist nur das, was man frei von Begehren, Haß oder Verblendung tut.“ Der buddhistische Weg zur Erlösung ist ein Handeln ohne Begierde auf Erfolg ... Nur die Gier – in älterer Literatur auch Durst genannt - bindet die Menschen und treibt sie von Dasein zu Dasein. Die Gier nach Lust, die Gier nach Werden, die Gier nach Vernichtung. Auch die sexuelle Begierde, der Wunsch nach Genuss und Besitztum sind darin eingeschlossen. All dies ist aber vergänglich und führt zum Kummer des Verlustes. Das ist der wahre Ursprung des Leidens.[9]

---

[8] Schumann, Hans Wolfgang: Buddhismus
[9] Ebenda

Im Buddhismus werden einem bei Verfehlungen keine Höllenqualen in Aussicht gestellt, wenn man nicht brav, fromm und folgsam war, wie bei den Katholiken. Stattdessen gibt es eben mieses Karma. Wenn man etwas angestellt hat, kommt man sozusagen auf Bewährung raus.[10] Im nächsten Leben kann man sich bewähren – falls man es nicht gleich in diesem Leben schon schafft. Es gibt keinen Gott, deshalb auch keinen strafenden Gott und keine strikten Verbote, sondern nur gut gemeinte Hinweise.

Buddhapark

Hier im Buddhapark bin ich sehr beeindruckt von der spiralförmigen Anordnung, die den Weg nach oben symbolisiert. Nach 12 Stufen der Erkenntnisse ist man am physischen Ende angelangt. Wohin es dann weiterführt, ist jedem Gläubigen selbst überlassen. Im Buddhismus geht man ins Nirwana ein.

Im weitläufigen Park mit vielen Gebetsmühlen herrscht gute Stimmung, zumal noch nicht viele Menschen hier sind. Wir waren gleich um neun Uhr bei Schalteröffnung hier und das war gut so, denn die Inder halten sich nicht an ‚Silence‘, worauf überall hingewiesen wird und das nimmt dem Tempel schnell die andächtige, sprituelle Stimmung.

Unser Fahrer wartet auf uns und bringt uns zu den Klöstern. Im alten Kloster sind wir die einzigen Besucher. Als wir schon meinen, dieses Gebäude wäre das einzige, ent-

---

[10] Burschik, Karin: Buddha ist, wer trotzdem lacht

decken wir dahinter noch eines, wirklich alt. Viele Hunde schrecken aus ihrem üblichen Tagesschlaf auf, bellen kurz, beruhigen sich aber wieder als wir uns in Begleitung eines weiteren Hundes nähern. In den Tempel dürfen wir hinein, natürlich wie immer ohne Schuhe. Alte Frauen sitzen um riesige Gebetsmühlen und beten und beten. Die Mühlen knarzen und ich empfinde eine unendliche Trostlosigkeit hier drinnen. Die alten Frauen drehen und drehen unermüdlich das Lebensrad, das schon knarzt und klagt, aber sie machen immer weiter und weiter … Ich fühle mich hier drinnen wie im Grab, lebendig begraben. Eine derartige Stimmung habe ich noch nie und nirgends erlebt. Nur wenige lächeln ein bisschen. Ich selbst weiß auch nicht, ob es angebracht ist bei dieser religiösen Andacht. Die Gebetskränze ähneln den katholischen Rosenkränzen und die Frauen zählen ihre Mantras mit. Unendlich dreht sich das Lebensrad, angeschoben von uralten verhutzelten Frauen …

Ich bin froh, wieder draußen zu sein, komme mir vor, wie dem Grab entstiegen. Ein paar junge Mönche laufen leger im vorderen Bereich herum. Manche haben ihre dunkelrote Gewandung sogar gegen Shorts und T-Shirts eingetauscht.

Das neue Kloster ist wesentlich größer und - oh Wunder - man darf offensichtlich drinnen fotografieren. Zumindest macht das eine indische Familie. Also nütze ich die Gunst der Stunde und fotografiere auch einmal einen buddhistischen Tempel von innen. Alles ist sehr farbenfroh, die Motive sind die alten, aber die Farben sind neuer, frischer.

Wir nutzen unsere vereinbarte Tour nicht ganz aus, sondern lassen uns im Ort Ravangla absetzen und wollen nach dem Essen zu Fuß zurückgehen. Immerhin geht es in diese Richtung bergab. Hans steuert das beste Hotel am Platze an, das ‚Buddha Retreat‘, in dem er fast schon Zimmer gebucht hätte. Mir war es zu steril erschienen. Steril wirkt tatsächlich auch der Speisesaal, der keinerlei Gäste hat. Der wahre Grund für dieses Ziel war eigentlich, an Internet zu kommen. Aber nicht einmal dieses Hotel bietet Internet an.

In unserer Unterkunft haben wir auch kein Internet. Es gibt zwar ein Netz, aber der Besitzer gibt uns das Passwort nicht. Er meinte, weil die Straßen verbreitert würden, seien die Kabel zerstört worden. Für gestern Abend hatte er es versprochen, eine Möglichkeit zu suchen, er war aber unsichtbar geblieben. Es muss doch mobiles Internet hier geben! Die Collegestudenten, die in unserer Unterkunft abhängen, haben gelegentlich Netz von ihrem Wohnheim. Außer uns gibt es überhaupt keine Übernachtungsgäste! Der Hotelbetreiber scheint von den jungen Leuten zu leben, die ständig die Hollywoodschaukel belegen und im merkwürdigen Speisesaal etwas essen. Erstaunlich ist das alles, denn die Preise sind auch für das Essen hoffnungslos überteuert. Anscheinend sind es Kinder aus reichem Haus. Hier hängen auch viele Pärchen ab und ich bin nicht sicher, ob das mit der Jungfräulichkeit bis zur Ehe noch eingehalten wird. Im Ehefall weiß man sich dann schon zu helfen. Es gibt immer einen Arzt, der das wieder flickt, was nicht mehr intakt ist, damit das blutbefleckte Betttuch nach der Hochzeitsnacht vorgewiesen werden kann.

Wir müssen ein Hotel für unsere nächste Station Darjeeling buchen. Ohne Internet ist das heutzutage nicht mehr denkbar. Auch Geldwechsel erlebten wir seit vielen Jahren sehr einfach. Geldautomaten gab es in allen Ländern der Welt, sogar für meine SparCard mit VisaPlus Zeichen schon vor fünfzehn Jahren bei der ersten Guatemala-Reise. Hier gibt es gar nichts dergleichen, aber unser Gastwirt will Bargeld. Woher nehmen? Zum Glück haben wir uns in Gangtok (auch unter Mühen) damit eingedeckt.

Auf das Essen warten wir im edlen Buddha-Resort eine Ewigkeit. Ein Urlauber hat doch Zeit oder nicht? Nein, hat er nicht! Wir hoffen nämlich, vor dem meist um drei Uhr einsetzenden Regen zuhause zu sein. Schließlich hängt unsere Wäsche draußen und soll trocken werden, nicht noch nasser! Die Gastwirtin hat uns zwar versprochen, sie abzunehmen, falls es regnen sollte, aber wer weiß, ob sie schnell genug ist. Sogar ein ‚Lemon Soda‘ dauert unerklärlich lange. Muss man die Zitronen erst irgendwo pflücken? Ich glaube, die Küche wurde nur für uns angeworfen. Als wir unser Essen endlich bekommen, schmeckt das ‚Chicken Masala‘ sehr gut und wurde eben ganz frisch zubereitet.

Wir wandern nach Hause und versuchen die indischen Straßenregeln zu beherzigen, d. h., schnell zur Seite zu springen, wenn ein Auto hupt. Manchmal weiß man nicht, wohin man springen soll. Herrenlose Hunde gibt es hier mindestens so viele wie in Bhutan. Sie liegen dösend auf der Straße und erheben sich erst, wenn der Fahrer wirklich keine Anstalten macht, einen Bogen um sie zu fahren. Interessant ist, dass man auch in diesem Land kaum Katzen sieht, sie fürchten wohl die Übermacht der vielen

Hunde. Diese schlafen tags und bellen nachts. Im moslemisch geprägten Teil Malaysias sah man nur massenhaft Katzen, die alle Freiheit hatten, auf Tische zu springen und sich am Essen gütlich zu tun. In moslemischen Ländern mag man keine Hunde, weil sie schmutzig sind und auf der Straße ihren Kot hinterlassen. Man sieht dort keinen einzigen Hund!

Dunkle Wolken hängen bedrohlich links oben am Himmel und ich bete, dass sie ihren Inhalt zurückhalten, bis wir zu Hause sind. Die Ausblicke sind hier gigantisch. Von unserer Unterkunft haben wir leider keinen. Wir schaffen es gerade, unser letztes Stück Wäsche von der Leine zu nehmen, als ein heftiger Regenguss losbricht. Bald darauf folgt auch noch ein Gewitter. Und was folgt als nächstes? Stromausfall! Womit uns der Heizkörper, den wir auf Verlangen bekommen haben, auch nichts mehr hilft. Es war gestern so kalt, dass ich danach gefragt hatte. Da wir die hölzerne Balkontüre nicht öffnen wollen – zusätzliche Glastüren gibt es nicht - ist es sehr dunkel. Von außen kommt auch durch die Fenster bei dem Unwetter natürlich nicht viel Helligkeit. Was tun? Schreiben! Gut, dass mein neues Tablet einen guten Akku hat. Schließlich habe ich es deshalb gekauft, denn das alte Netbook schwächelte schon sehr stark.

Allerdings sollte ich bei meiner nächsten Schreibattacke feststellen, dass alles neu Geschriebene verschwunden war. Vermutlich war die Haltung mit Tastatur auf den Knien und später im Bett liegend nicht günstig und ich habe deshalb aus Versehen alles Neue gelöscht. Verflixt und zugenäht! Ich habe aber auch Ansprüche an ein Hotelzimmer! Das letzte hatte einen Schreibtisch, aber keinen Stuhl dazu, da musste ich in den Speisesaal ausweichen.

Wir überstehen das Gewitter und die heftigen Regenschauer im Bett und Hans' Krise spitzt sich zu. Auch ich finde es hier drinnen sehr deprimierend. Sikkim ist die niederschlagsreichste Region in ganz Indien! Sollen die Regenwolken sich doch nachts austoben! Die Himalayaberge sind aber sehr nahe und ziehen immer gerne Wolken an.

Ursprünglich hatten wir ja überlegt, die Reise mit Baden im Meer in Sri Lanka ausklingen zu lassen. Es war aber zu kompliziert mit den Flugverbindungen. Wie gut das war, dort nicht hinzufahren, sollten wir ein paar Tage später erfahren.

Der Speisesaal unserer Unterkunft ähnelt eher einer ,Prayer Hall' als einem Restaurant. Rings um die Außenwände befinden sich niedrige Bänke mit Sitzauflagen, davor niedrige Tische, die keine Tische sind, sondern kleine Kommoden, So weiß man gar nicht, wohin mit seinen Füßen, will man nicht im Schneidersitz essen. Wir Europäer lassen am liebsten das Essen auf dem Tisch stehen und nehmen es von dort zu uns. Hierzulande nimmt man die Schale in die Hand und führt von da aus das Essen zum Mund. Die Halle ist denkbar ungemütlich. Alle Türen hinten und vorne stehen auf und es zieht und ist saukalt. In der Küche werkeln junge bis sehr junge Männer. Sie sind sehr eifrig, oder tun zumindest so. Ich habe gesehen, in welchen Verschlägen sie schlafen. Ein Zimmer, von der Größe einer halben deutschen Garage und darin nur eine schmale Pritsche. Waschmaschine gibt es nicht oder sie dürfen sie nicht benutzen, weshalb sie ihre Kleidung auf dem Boden schrubben. Es würde mich nicht wundern, wenn sie hier nur gegen Kost und Logis arbeiteten. Der Boss ist ein chinesisch aussehender, spindeldürrer Sikkimese mit mittellangen Schmalzhaaren. Er wirkt auf mich eher wie ein Drogenboss als wie ein Hotelbetreiber.

Nachdem wir dem eifrigsten der Boys, als er alleine bei uns ist, ein vermutlich sehr großzügiges Trinkgeld zustecken, nestelt er an seinem Handy herum. Ich denke, er will gleich jemand anrufen, um die gute Neuigkeit mitzuteilen. Nein, er öffnet die rückwärtige Abdeckung seines Smartphones und versteckt den Schein darin. Super Versteck! Also war für ihn klar, dass das nur für ihn gedacht war und er hat nicht die Absicht, das Trinkgeld mit seinen Kollegen zu teilen. Recht hat er, schließlich hat er auch die meiste Arbeit für uns geleistet.

In der Halle sind junge Leute vom College. Ich spreche einen jungen Mann an, ob er Internet habe, da er fleißig am Handy herumwischt. Wifi? Ja, vom College. Woher er komme? Aus Waransi. Ich kombiniere: Varanasi. Das andere Grüppchen junger Männer sieht aus wie Pakistanis.

Zum Frühstück gibt es jeden Tag Abwechslung. Man kombiniert Western Style mit Indian Style. Chapatis mit einer Art Linsen oder Gelbe Erbsen-Eintopf sowie Toast mit Butter und Marmelade. Da wir eine Kanne Tee bestellen, weil jeder zwei Tassen trinkt, wurde er sehr dünn. Anscheinend dieselbe Menge Tee und doppelt so viel Wasser.

Ausflug nach Tashiding und Pelling

Wir haben unseren Fahrer von gestern und vorgestern nun für eine ganze Tagestour gebucht. Für 3.500 Rupies will er uns nach Tashiding, Yuksom und Pelling fahren. Er gab mir eine Visitenkarte, auf der kein Name, sondern nur ‚Jesus is good' – oder drauf stand. Er gehört also einer religiösen Minderheit in diesem Lande an. Hier im Dorf entdeckte ich schon eine Kirche.

Drei Ziele im Umkreis von 50 Kilometer hören sich nicht viel an, aber bei diesen Straßenverhältnissen ist das eine große Leistung, wie wir bald bemerken werden. Die Straße nach Tashiding kann man nur Piste nennen mit einer Fahrspur, die wir uns mit dem Gegenverkehr teilen müssen. Unser Fahrer muss entweder Richtung Abgrund ausweichen oder Richtung Steilhang mit oder ohne Felsen mit tiefer Wasserrinne. Wenn der Abgrund links von uns ist, kann ich als Beifahrer (Linksverkehr!) manchmal sehen, dass es mindestens 1000 m steil bergab geht. Wirklich senkrecht fällt der Berg ab und man kann sich nicht genug wundern, wie man es geschafft hat, in dieses Terrain eine Straße zu bauen. Ich sitze links und habe zum Glück keine Höhenangst. Fürs Fotografieren gibt es meistens nichts her, denn zum einen wackelt und holpert das Auto und dann ist wieder die Sicht verdeckt durch Sträucher.

Die Fahrt nach Tashiding ist fabelhaft! Die Straßen sind zwar sehr häufig nicht geteert und wir schleichen im Schritttempo dahin. Die Landschaft könnte nicht eindrucksvoller sein! Man muss auch ab und zu Flüsse überqueren und auch hier ist Bautätigkeit erkennbar. Man baut

neben einer einspurigen Brücke eine breitere stabilere
Brücke. Überall ist man am Reparieren von den Straßen,
baut Wasserrinnen und trägt Erdreich ab, setzt Gabionen
an den Straßenrand, aber bei starken Regengüssen ist die
Natur wohl doch wieder stärker und schwemmt Erdreich
und Felsbrocken auf die Straße. Bei ohnehin nur einer
Spur ist es oft nur der großen Geschicklichkeit der Fahrer
zu verdanken, dass nicht einer in der Wasserrinne hängt
und der andere im senkrecht abfallenden Abgrund.

Wir wechseln die Höhenlagen immer wieder, denn oft
muss man sich aus den größten Höhen wieder hinunter-
schrauben auf Flussniveau.

Unser Fahrer war selbst noch nie in Tashiding, deshalb
frägt er immer wieder einmal nach dem Weg zum Kloster.
Wir nehmen den Fußweg, den ein halbgeöffnetes Gitter
freigibt und steigen nach oben. Auf der Hälfte des Weges
treffen wir auf eine Treppe, die von der anderen Seite des
Ortes heraufführt.

Die Klosteranlage ist zauberhaft, friedlich, mystisch, eindrucksvoll. Wir sind die einzigen Besucher, was der stillen
Atmosphäre dienlich ist. Hinter dem Kloster stehen viele
Stupas. Wenn sie nicht so gepflegt und frisch weiß gestrichen wären, könnte man meinen, die Zeit wäre hier stehengeblieben.

Als wir zu unserem Fahrzeug zurückkehren, parkt hier ein
Bus. Er brachte eine chinesische Reisegruppe, der wir
nicht begegnet sind, weil sie den anderen Weg hinaufge-
gangen ist. Was für ein Glück für uns, frühzeitig hier zu
sein!

Das Interessanteste an unserer heutigen Tour ist die Landschaft. Ich werde nicht müde, die vielen Grüntöne von Bambus, exotischen Nadelbäumen, Sträuchern und Rhododendronbäumen zu bewundern. Sehr oft entdecke ich Kardamomfelder. Das scheint hier die richtige Höhenlage für eines der kostbarsten Gewürze weltweit zu sein.

Es dauert lange, bis wir in Yuksom ankommen, aber wie bekannt, ist der Weg das Ziel und die Landschaft das Sehenswerte. Was gibt es in Yuksom zu besichtigen? Der Fahrer weiß es nicht. Besuchsziel ist der Platz der Krönung des ersten Königs von Sikkim, Phuntsog Namgyal. Wie schon erwähnt, war Sikkim seit 1641 bis 1975 ein Königreich. Der Platz, als wir ihn endlich gefunden haben, ist hübsch geschmückt und war über eine sehr grob kopfsteinbepflasterte Straße zu erreichen. Der Fahrer strapaziert sein Auto – einen Suzuki – sehr.

Der Ort hat eine relaxte Atmosphäre und wäre auch für uns für einen Aufenthalt denkbar gewesen. Hier sehe ich sogar zwei(!) westliche Ausländer.

Das nächste Ziel ist Pelling und wieder genießen wir eine zauberhafte Fahrt an steilsten Abgründen entlang. Ich schätze 1000 bis 1200 Meter fällt auch hier der Hang senkrecht ab. Hier versucht man derzeit, die Straße zu verbreitern und hat sogar schweres Baugerät im Einsatz. Bisher sahen wir hauptsächlich Frauen, aber auch Männer in Handarbeit Felsbrocken weg- oder herzutragen, Sand zu bringen und zu schaufeln. Wie der senkrechte Erdhang gesichert werden soll, ist noch nicht erkennbar. Es wird beim nächsten Regenguss wieder alles heruntergeschwemmt werden. Durch die Bauarbeiten bleibt die Straße weiterhin einspurig. Je näher wir Pelling kommen, desto besser sind die Straßenverhältnisse. Manchmal ist unsere Fahrunterlage durchgängig zweispurig geteert!

In Pelling wollen wir zu Mittag essen. Leider ist auch die Speise, die als schneller verfügbar angegeben war, nicht unter 35 Minuten fertig. Unser Taxifahrer muss warten. Die chinesischen Nudeln sind nicht einmal schmackhaft und wir bedauern es, dass wir nicht gleich etwas Indisches bestellt haben. Immerhin haben wir hier Internet und können die nächste Unterkunft in Darjeeling buchen.

Die Fahrt zurück ist über 50 km lang und führt aber größtenteils über bessere Straßen. Im Ort Pelling hätte ich nicht wohnen mögen, denn der ist auch schon sehr betriebsam mit entsprechendem Verkehrsaufkommen. Die meisten Sikkim-Touristen übernachten jedoch dort.

Das Fahrzeug für morgen hat inzwischen hoffentlich unser Hotelmanager gebucht. Wir hatten es heute Morgen noch vereinbart. 5000 Rupies. Mit Sightseeing in Namchi. Ohne ‚three points‘ in Namchi hätte die Fahrt auch schon 4000 Rupies gekostet.

Als wir zurückkommen, lege ich mich aufs Bett und beginne zu frösteln. Ein Schüttelfrost bedeutet steigendes Fieber. Tatsächlich habe ich in kürzester Zeit über 39° C Fieber. Wie soll das morgen werden? Wenn das Fieber nicht sinkt, dann können wir die Fahrt vergessen. Wie ich meinen Körper kenne, reagiert er schnell und heftig. Schnell das Fieber hochgefahren um Krankheitserreger abzuwehren, dann schnell wieder hinunter. Hans hat seit gestern schon Schnupfen und der wurde heute während der Fahrt auch nicht besser. So liegen wir nun beide flach in unserer dunklen Hütte. Zumindest hatten wir den ganzen Tag schönes Wetter und auch jetzt regnet es nicht.

Heute ist auch kein Stromausfall. Wir bleiben in unserem Bungalow und haben kein Verlangen mehr nach Essen.

Fahrt nach Darjeeling

Tatsächlich ist heute Morgen mein Fieber fast weg und ich habe kaum Erkältungssymptome. Auch Hans fühlt sich trotz Erkältung stark genug, die Tour wie geplant durchzuführen.

In Namchi gibt es einen Stopp bei der 36 m und damit welthöchsten Figur von Rinpoche. Sie sitzt wie Buddha, aber eben mit Rinpoche-Gesicht und sie ist sehr kitschig bunt. Dann geht es zum großen hinduistischen Tempel, der Shiva geweiht ist. Hier sitzt er, der gewöhnlich immer stehend abgebildet wird. Die Parkgebühr fürs Auto in Höhe von 50 Rupies sollen wir bezahlen, meint unser Fahrer. Der Eintritt ist gemäßigt mit nochmals 50 Rupies pro Person.

Wir bekommen wieder eine Lektion in indischer (Un)-Logik. Man muss die Schuhe vor dem gesamten Bereich der Anlage ausziehen und in einem Häuschen abgeben. Andere aber dürfen mit Schuhen hinein. Zwei solchermaßen Beschuhte spricht Hans an. Sie seien Fotografen und würden ja nicht in den Tempel hineingehen. Arbeiter laufen auch mit Schuhen hier auf dem Teer und Asphalt herum. Wir tragen also mit unseren Bar-Füßen mit oder ohne Socken den Dreck der Straßenschuhe der anderen in den Tempel hinein. Als ich das dem Fräulein von der Schuhaufbewahrung erzähle, lacht sie nur lauthals. Solche Schlüsse kann ja wohl nur ein weltlicher Tourist ziehen! Um Shiva herum gibt es mehrere kleine Tempel, in denen die Hindus räuchern und sich weihen lassen. Die Shivastatue ist circa 27 m hoch. Wir sind die einzigen Westler und die indischen Familien, vor allem die Frauen mit ihren bunten Kleidern geben willkommene Farbtupfer fürs Auge und fürs Foto.

Einen dritten Punkt will unser Fahrer noch ansteuern, den Sai Baba Palast. Wir hatten gar nicht damit gerechnet. Da es aber auf dem Weg liegt, nehmen wir diese Sehenswürdigkeit gerne noch mit. Wieder muss ich barfuß die Straße überqueren um mit denselben straßenschmutzverseuchten Füßen den Palast zu betreten. Die Dame am Eingang will mir Blümchen und Kerzchen reichen, aber leider weiß ich nicht damit umzugehen und befürchte, in ein Fettnäpfchen zu treten. Mit der Weigerung für so eine Gabe stehe ich aber wohl schon mittendrin. In dieser Halle muss Sai Baba seine Wunder vollbracht und seine Lehre gepredigt haben. Hans ist nicht mit hineingegangen, ihm wird es zu viel mit Schuhe aus- und anziehen.

Nun steuern wir direkt Darjeeling an. Ob wir Lunch wollen? Nein, noch eine Stunde bis zum Ziel halten wir gut durch – unser Driver hoffentlich auch!

Darjeeling

Darjeeling, aus dem der berühmte gleichnamige Tee herstammt, ist auch eine Stadt in der Größe Gangtoks und genauso steil und genauso bunt in die Hänge gebaut. Nur sind die Hänge unterhalb bewachsen mit den grünen Teesträuchern.

Wir werden am Ende der Zufahrtsmöglichkeit von unserem Guesthousebesitzer des ‚Classic Guesthouse' erwartet und er hat auch schone eine Trägerin engagiert, die partout unsere Koffer auf dem Rücken tragen will. Wir haben keine Chance und es wäre ein krasses Fehlverhalten, wenn wir auf eigenes Rollen bestehen würden. Wir haben wohlgemerkt eine kleine Trägerin, die sich **zwei** große Koffer auf den Rücken bindet. Es sind mindestens 40 bis 45 kg! Sie geht zügiger bergauf als wir ohne Gepäck! Unglaublich, was wir hier noch sehen werden: Schwere Lasten, durch ein Stirnband gehalten, werden durch die Stadt mit den steilen Gassen bewegt. Z. B. ein mindestens 50 kg schwerer Sack Zwiebeln und noch ein extra Karton obendrauf oder zwei Gasflaschen, zwar vielleicht leer, aber ich weiß, wie viel nur eine davon wiegt!

Unser Guesthouse ist ein altes, vermutlich einst englisches Gebäude, hat eine etwas verstaubt wirkende Einrichtung. Die Sitzgruppe halte ich für zur Rezeption gehörig, aber sie gehört zu unserem Zimmer. Dahinter befindet sich etwas versteckt, das Bett. Wir verfügen auch über einen Balkon, der uns weit über das Land blicken lässt. Keiner kann uns hier oben ins Zimmer gucken!

Das Einchecken ist in Indien immer schon genau genommen geworden, aber nun hat man offensichtlich die Vorschriften noch intensiviert. Ein Formular muss ausgefüllt werden – ok. Das geht für zwei Personen. Pässe brauche man beide. Ich warte, bis der kleine verhuschte

Mann (der Bruder des Besitzers) sie auf einer uralten Kopiermaschine kopiert hat. Immer wieder will er mich wegschicken. Aber ohne unsere Pässe gehe ich nicht. Endlich halte ich sie wieder in Händen. Gut, das wäre erledigt. Dachte ich.

Als wir aber am nächsten Morgen bereits 45 Minuten auf das bestellte Frühstück warten, kommt erst der Chef, dann noch ein Mitarbeiter und möchte noch einmal die Pässe. Sie gehen noch einmal das Anmeldeformular mit uns durch. Der Mann schreibt alles, was ich bereits ausgefüllt hatte, nochmal in seiner Version von Schönschrift nieder. Eine indische Mobilnummer fehle noch. So etwas haben wir nicht, entweder die deutsche Telefonnummer oder gar keine! Der Pass reicht auch nicht aus, man müsse das Foto noch scannen – das muss in Farbe sein. Ob ich nicht ein Passfoto hätte? Sorry-La das habe ich nicht. Ich schenke ihm eine Passkopie in Farbe. „Die können Sie behalten!“ Ich bekomme sie verknittert wieder – nach langem Warten – immer noch auf das Frühstück - und Schimpfen. Will man meinen Pass fälschen? Oder was soll der ganze Aufstand? Ich vergaß vollkommen, dass man das alles im ganzen Haus hört und den Sinn sicherlich versteht, auch wenn man nicht deutsch spricht.

Das Haus ist sehr hellhörig. Es hat Wände, die eher einen Sichtschutz darstellen als einen Geräuschschutz. Wir hören jedes Wort der Nachbarn und die Toilette ist direkt nebenan; gefühlt befindet sie sich in unserem Zimmer. Hinter unserem Kopfende führt der kleine Gang vorbei und dahinter befindet sich die Rezeption. Ab neun Uhr ist aber alles ruhig und ich schlafe wie ein Murmeltier, was meiner Gesundheit sicher zuträglich ist. Also bleiben wir noch zwei Nächte. Gestern waren wir schon so weit, dass wir sofort etwas anderes buchen wollten. Zum Glück taten wir das nicht, denn hier haben wir überhaupt keinen Verkehrslärm und entsprechend bessere Luft als im ‚Ramadam', das Hans schon in Erwägung gezogen hatte. Dessen Fenster gehen alle zur Straßenseite – mit oder oder ohne Kandzengdzonga-Blick.

Es beginnt heute früh zu regnen und so erkunden wir nach dem Frühstück nur die Ridge-Promenade, von der aus man immer schöne Blicke ins Tal und auf die nächsten Berge hat. Die Rhododendronbäume haben noch viele Blüten. Heute wird mein Schreibtag und ich hole einiges auf, auch das, was ich aus Versehen gelöscht habe. Zwei Stunden hatte ich umsonst geschrieben! Auch die Datei, die ich am Tag der Tigernest-Besteigung noch aufopferungswillig geschrieben hatte, ist völlig verschwunden. Ein Spuk? Ich öffnete sie, wie üblich, um sie unter neuem Datum zu speichern. Ich bekam die Nachricht, ich könne nicht bearbeiten und nicht speichern. Daraufhin schloss ich sie wieder – dachte ich zumindest – aber seitdem ist sie gänzlich verschwunden. Ich hoffe immer noch auf ein Tigernest-Wunder und dass sie wieder auftaucht. Das waren auch gut zwei Stunden Arbeit zu einer Zeit zu der ich viel lieber im Bett ausgeruht hätte.

Wir befinden uns unterhalb des großen Platzes mit der großen Leinwand und heute – wie zur Begrüßung - findet ein Karaoke-Wettbewerb statt. Wir hoffen, dass man zu nachtschlafender Zeit damit aufhört.

Wir brauchen nicht weit zu gehen, um zu einem äußerst angenehmen Lokal zu gelangen. Aus Erkältungsfaulheit bleiben wir gleich hier. Es nennt sich ‚World of Tea‘ und bietet alle möglichen Teevarianten an, aber auch etwas zu essen. Man tut hier besser daran, Tee zu trinken oder auch Tee zu kaufen, als zu essen. Zwar ist Hans‘ Pizza recht gut, aber meine Lasagne überzeugt nicht. Der Spinat ist zwar grün, schmeckt aber gar nicht so wie wir uns Spinat vorstellen und Nudeln konnte ich genau drei kleine Stückchen zählen. Man darf nichts Bestimmtes erwarten! Das ist Praxiskurs in Buddhismus. Leider gab es überhaupt keine indischen Gerichte. Der Blick von den bis zum Boden verglasten Fenstern über die Berge und Täler ist dagegen wirklich fantastisch. Die Musik ist westlich und trägt auch zur entspannten Atmosphäre bei.

Hierher muss man aber kommen, um das exzellente Teeprozedere zu erleben. Nachdem man unter 100 Sorten seinen Tee ausgewählt hat, wird er in einer Glaskanne serviert. Die Teeblätter befinden sich noch in der Kanne und werden vor den Augen des Gastes abgegossen. Zuerst darf man die Nase in das Aroma der Teeblätter stecken. Erfahrene fächeln sich den Duft zu wie bei einer Weinprobe. Dann hält der Ober die Glaskanne mit der goldgelben Flüssigkeit gegen das Licht, damit man auch dadurch fachkundig erkennen kann, welch gute Qualität man nun in die Glastassen eingeschenkt bekommt.

Ein kleiner Überblick über das volksfestartige Geschehen am großen Platz (wie hat man es nur geschafft, eine so große ebene Fläche zu bekommen inmitten der steilen Berge?) und den Kindern beim Ponyreiten zuzugucken reicht uns für heute.

Nach einer weiteren sehr erholsamen Nacht zeigt sich die Sonne heute Morgen nur kurz, so dass wir das Frühstück lieber im Zimmer nehmen als auf dem Balkon. Da ich den Drang habe, ein wenig in den Teeplantagen herumzulaufen, nehmen wir uns ein Taxi zu ‚Happy Valley Tea Estate' (die kostenlosen Fahrten werden angeblich nicht mehr angeboten) und dürfen eine Teefabrik besichtigen. Nachdem man uns ein paar Mal vertröstet und wir inzwischen ein wenig zwischen den Teesträuchern herumgestrolcht sind, lasse ich mich nun nicht mehr abwimmeln. Vermutlich hofft man auf noch mehr Besucher. „Wieviele zehn Minuten dauert es jetzt noch?", frage ich das Empfangsfräulein ein wenig scharf. Siehe da, sie selbst beginnt augenblicklich die Führung nur für uns Beide. Ein indisches Paar gesellt sich kurz darauf noch dazu.

Teeproduktion

Die Ernte von gestern kommt hier auf das Band und fällt hinunter auf eine Art Rüttelmaschine, in der die Blätter ein wenig gepresst werden, damit sich die Inhaltsstoffe entfalten. Dann wird sie mit Warmluft getrocknet (115 ° C). Für schwarzen Tee beginnt nun der Oxidationsprozess, wofür einfach Frischluft zugeführt wird. Nicht zu lange, dann wird wieder mit Warmluft getrocknet. Grüner und Weißer Tee dürfen nicht oxidieren und sind deshalb gesünder, weil beim Oxidieren Teein entsteht (die Führerin nennt es immer Coffein).

- ‚First flush' ist die Frühjahrsernte.
- ‚Second Flush' ist die Sommerernte.
- Es gibt einen ‚Third flush' zur Monsumzeit und
- ‚Autumn flush', die Herbsternte.

Am wertvollsten ist der ,First flush', denn der Tee bekommt alle Nährstoffe, die sich im Winter im Boden angesammelt haben. Er ist auch der teuerste. Der kostspieligste Tee kostet je nach Lage bis zu 100.000 Rupies (= etwa 1.250 €) das Kilo. Die ,Factory Reymon' hat die teuersten Sorten. Die Lage ist natürlich ein entscheidendes Qualitätsmerkmal. Hier ist man der Ansicht, dass Darjeeling-Tee dem Assam-Tee qualitativ haushoch überlegen sei.

Es gibt weitere Qualitätsunterschiede: ganzes Blatt, Größe des Blattes oder gebrochenes Blatt. Letzteres kaufe ich in Deutschland, den ,Orange broken pekoe'.

Wir schlendern ein wenig durch die Plantage, weiteres Erkunden erledigt sich von selbst, da wir beide durch Erkältung nicht geeignet sind, steilste Hänge zu bewältigen.

An unserem Umzugstag bestellt Hans zwei Träger, denn er konnte es auch nicht mitansehen, wie sich das kleine Frauchen abgemüht hat mit zwei Koffern. Es kommen ein Mann und eine Frau mit einem Kleinkind auf dem Arm. Das allein wiegt ja schon einiges. Sie nimmt den schwereren der beiden Koffer und lächelt so froh und munter, dass man meinen könnte, sie bekomme gerade eine Wellnesbehandlung. Als Hans jedem von den beiden einen Hundertrupieschein in die Hand drück (pro Gepäckstück wären es 50 Rupies) denke ich, nun müsste ein Strahlen über ihr Gesicht huschen. Aber die Frau schaut den Schein an, schaut Hans an, schaut wieder ungläubig den Schein an, schaut den Mann an und bekreuzigt sich dann mit dem Schein ehrfürchtig. Für die Trägerin bei

Ankunft hatte uns der Buchhändler und Gasthausbesitzer gesagt, wir sollten ihr 100 Rupies geben. Sie schien damit aber nicht sehr zufrieden gewesen zu sein. Wir lassen unser Gepäck bis zum Taxistand bringen, was gleich alle Taxifahrer auf den Plan ruft, aber wir gehen ein paar Schritte weiter zum ,Hotel Dekeling', das zum ,Hawks Nest Dekeling' gehört und warten dort auf den hauseigenen Transport.

Hans hat uns ein schönes Zimmer mit Bergblick gebucht – Garantie, dass sich der Kangchengdzunga auch wirklich zeigt, gibt es natürlich nicht. Die Anlage ist mit vielen Blumen geschmückt, hat aber an beiden Seiten des Haupthauses eine Baustelle. Man ist fleißig am Erweitern.

Das Zimmer wartet mit einer modernen Infrarotheizung auf – getarnt in Wandbildern und Spiegeln - im großen Zimmer und im Bad. Was es nicht hat, auch auf zweimalige Nachfrage nicht, ist ein Haarföhn. Das ist normalerweise in weniger teuren Unterkünften Standard. Zumindest auf Nachfrage konnte man immer einen herbeizaubern – außer im überteuerten Ravangla.

Da wir nun schon mal so früh unterwegs sind, könnten wir in den Zoo gehen. Obwohl wir beide Zoos gegenüber kritisch eingestellt sind, bietet er die einmalige Chance einen Schneeleoparden zu sehen und auch den ebenfalls vom Aussterben bedrohten Red Panda. Ein Taxi vom Hotel bestellt, möchte 1000 Rupies für die Fahrt. Oh no! Ach so, er will warten und uns zurückfahren. Nein wir wollen nur ,drop off'. Die Dame vom Hotel zögert und überlässt uns die Verhandlungen. Schlussendlich nenne ich 400 Rupies als Preis. Einverstanden. Das scheint mir fair, da gestern die Hin- und Rückfahrt zum Tea Estate mit Warten 600 Rupies gekostet hat, allerdings waren wir nur halb so weit entfernt wie jetzt hier oben.

Zoo

Der Taxifahrer lässt uns am Fuße einer Treppe aussteigen und meint, es wären nur fünf Minuten nach oben. Aber oben zeigt mein Husten so richtig, was er kann und ich pfeife wohl wirklich aus dem letzten Loch. Zwei junge Frauen sehen mich mitleidig an. Wenn ich mich so höre, krieg ich ja selber schon Angst, dass ich es nicht mehr lange mache. Trotzdem schaffe ich den Rundgang und sehe leider den Schneeleoparden nur als Knäuel am Zaun liegend. Die gewolkte Leopardenkatze dagegen zeigt sich putzmunter, so wie etliche andere Zoobewohner auch. Manche allerdings – so wie der Wolf – laufen traumatisiert die paar Meter am Zaun auf und ab und auf und ab und auf und ab … Deshalb mag ich eigentlich keine Zoos. Der Schwarzbär zeigt auch ein äußerst traumatisches Verhalten. Ganz versteckt im hinteren Teil des Geheges richtet er sich auf, dreht sich, bückt sich, richtet sich auf dreht sich, bückt sich …

Ein riesengroßes Yak bewohnt den Zoo genauso wie einige Takin, Himalayatiere, die wir schon in Bhutan kennenlernen durften.

Den ‚Red Pandas‘ scheint es hier zu gefallen Zumindest das Männchen erinnert sich an sein ursprüngliches Verhalten und wirbt um das träge auf dem Baum dösende Weibchen. Er streift auf und ab über die Baumteile und zeigt sein fotogenes Gesicht. Er hat den buschigen Schwanz eines Fuchses und auch etwa seine Größe, nur sein Kopf ist breiter. Er ist ein wirklich hübscher Kerl mit seinem rötlichen Fell, das ihm seinen Namen gab.

Ein herrlicher, goldgeschmückter Goldfasan ist auch ganz wild auf das unscheinbare Weibchen, das aber von den Aufdringlichkeiten des Männchens überhaupt nicht angetan ist. Als es sich gar nicht mehr wehren kann, flattert es hinauf auf einen Ast.

Als wir den Zoo wieder verlassen, steht eine lange Schlange Inder an. Da haben wir noch Glück gehabt, denn sie interessieren die Hinweise auf ‚Silence‘ überhaupt nicht. Dass es hier um die Tiere geht, sehen sie nicht, denn sie sind schließlich hier, um etwas vorgeführt zu bekommen.

Wo bekommen wir ein Taxi? Ein Verkehrspolizist schickt uns bergab. Eigentlich wollen wir bergauf. Hier stehen Minibusse. Beherzt steigen wir in einen ein, obwohl Hans noch einen anderen Fahrer abwimmeln muss, der meint, wir müssten hier ein eigenes Fahrzeug chartern. Für 10 Rupies pro Person quetschen wir uns zu viert auf eine Sitzbank – es ist im wahrsten Wortsinn ein MINI-Bus - und lassen uns hinauffahren bis zur Busstation. Das sind schon viele Meter Höhengewinn. Den Rest zum Zentrum schlängeln wir uns durch die engen, unendlich steilen Gassen, aber zum Glück fährt hier gar nichts Motorisiertes. Das ist die reinste Erholung! Wir schaffen es direkt bis zu ‚Glenerys‘, das Muss-Lokal. Hans beherrscht sein Handy-GPS perfekt und den Rest macht meine Intuition. Bald sitzen wir im Sonnenschein auf der Terrasse und lassen es uns gutgehen.

Im Falkennest

Wir wohnen nun oben im ‚Falkennest‘, zahlen aber im Haupthaus im ‚Dekeling Hotel‘, denn nur hier akzeptiert man Kreditkarten. Heute Morgen wurden wir schon von allen Familienmitgliedern getrennt daran erinnert, dass wir ja noch zahlen müssten, wenn wir morgen auschecken. Die Varianten sind: Sie könnten heute schon zahlen, weil es morgen früh vielleicht zu stressig ist. Haben Sie schon bezahlt? Werden Sie jetzt gleich zahlen? (nein) Werden Sie jetzt nach unten gehen um mit Kreditkarte zu bezahlen? (ja, heute im Laufe des Tages werden wir unten zahlen). Ihrem Verhalten nach könnten sie Chinesen sein, sind aber angeblich Tibeter. Der Mann kümmert sich anscheinend um den allgemeinen Hotelbetrieb und um die Baumaßnahmen, die Frau sorgt in der Küche für das Rechte. Wenn sie nicht da ist, klappt beim Frühstück rein gar nichts! Die Boys schaffen nicht einmal ein normales Spiegelei ‚sunny side up‘, der Kaffee sieht einem Tee zum Verwechseln ähnlich und erst im dritten Anlauf können oder wollen sie verstehen, dass hier noch ein wenig Nescafe-Pulver hineingehört, Tassen, Besteck, Teller alles gibt es nur auf Nachfrage.

Wir fühlen uns fit genug, 20 Minuten hinauf zur japanischen Pagode zu wandern. Es ist ein buddhistischer Tempel, wie sich herausstellt. Zum Glück kamen wir nicht auf die Idee, ein Taxi zu nehmen, denn fahrmäßig läuft überhaupt nichts mehr. Alle Fahrzeuge stehen verkeilt und haben schon den Motor abgestellt, was ein Zeichen dafür sein muss, dass sie schon lange Zeit hier „geparkt“ sind.

Die Pagode ist ein sehr hübscher buddhistischer Tempel in einer gepflegten Anlage. Vor dem Stupa befindet sich eine kleine Gebetshalle, in der getrommelt wird. Die Besucher dürfen sich auf den Boden setzen und auf einer kleinen Trommel mittrommeln. Der Vortrommler-Mönch gibt einen einfachen Rhythmus vor – vier ganze Schläge und einmal bambambam. Das ist für manche zu schwierig. Der Mönch kommt nicht aus dem Takt, wechselt nur ab und zu die Hand. Ich weiß nicht, wieviele Stunden er das machen kann. Der Stupa ist ähnlich gestaltet wie der in Nepal oberhalb des Pokara-Sees. In vier Himmelsrichtungen blicken vergoldete Buddhastatuen in verschiedenen Positionen. Eine junge Frau mit einem fotogenen pinkfarbenen Sari findet sich sehr schön und kriegt sich nicht mehr ein mit Selfies. Ich finde, DAS ist ein lohnendes Fotomotiv! Überall blühen Azaleen in Pink und hellstem Rosa, fast weiß.

Als wir den Tempelbereich verlassen, hat sich der Verkehrsstau offensichtlich aufgelöst und indische Familien strömen in Scharen herbei. Das heißt, dass es Schluss ist mit ruhig.

Im ‚Dekeling‘ können wir mit Kreditkarte bezahlen. Als wir fertig sind, meint der junge Mann, wir sollten noch ein paar Minuten warten, denn die Chefin möchte sich persönlich von uns verabschieden. Sie überreicht uns ein kleines Päckchen Tee und ein Lesezeichen und gibt uns segensreiche Wünsche mit auf den Weg, ‚Tashi delek‘. Viel Glück!. Das ist ja wirklich nett, obwohl wir ja gar nicht in diesem Haus gewohnt haben.

Am nächsten Tag werden wir auch von unserer Hotelmanagerin verabschiedet mit einem Päckchen Tee als Geschenk und ich bekomme sogar eine ehrenvolle weiße Schärpe umgelegt. Das ist ein besonderes Glückwunschsymbol, da man hier oben wenig Blumen habe, schmücke man bei Hochzeiten, Geburtstagen etc. mit weißen Schleifen. Wieder viel ‚Tashi delek!' Ich bin gerührt und verdränge schnell, dass ich in dem viel zu weichen Bett nicht ohne Kreuzschmerzen schlafen konnte. Als Folge davon schlief mir der Fuß ein. An Preisnachlässe deshalb oder wegen reger Bautätigkeit dachte man auch nicht. Als ich vor Abreise noch im hübschen Garten mit den vielen Blumen und Blick hinunter auf die Stadt sitze und schreibe, beginnt man direkt hinter mir, Holztüren mit Lack einzusprühen. Leider werde auch ich eingenebelt und meine noch nicht ausgeheilten Bronchien mögen diese Lösemitteldämpfe überhaupt nicht. Da reist man doch gerne ab.

Wir hätten (rein theoretisch) noch eine Nacht bleiben und morgen sehr früh aufbrechen und direkt zum Airport nach Bagdogra fahren können. Wir hätten uns eine Nacht in Siliguri und eine weitere Taxifahrt zum Airport gespart. Wie sich noch herausstellen sollte, ist das für uns gar nicht so unangenehm, denn nach der ganzen himalayischen Kälte der Höhenlagen tut uns die Wärme/Hitze dort unten auf 150 Meter über NN recht gut. Darjeeling liegt auf 2200 Meter.

Den Taxifahrer hatte uns der Kollege, mit dem wir schon zweimal in Darjeeling vom Hauptplatz zu unserer Unterkunft nach oben gefahren sind, vermittelt. Er stellte ihn uns extra vor. Alles klar, morgen um elf Uhr. Als ich um zehn Uhr in den Garten gehe, um zu schreiben, ist er bereits da und wartet. Das muss er nun jetzt auch. Da ich nicht vergiftet werden will, fahren wir dann doch schon um 10.30 Uhr.

Fahrt in die heiße Tiefebene nach Siliguri

Zunächst stehen wir im Stau und auf typisch indische Weise geht überhaupt nichts weiter, denn jeder Fahrer in jeder Fahrtrichtung sucht sich eine Lücke und fährt auf Millimeter auf das andere Fahrzeug auf. „Der Kampf um jeden Zentimeter" werde ich meine Indienerlebnisse übertiteln. Egal ob der Gegenverkehr kommt oder nicht, man überholt, auch wenn auf der linken Spur schon längst alles zum Stillstand gekommen ist, weil man meint, man könne ein paar Zentimeter gutmachen. Natürlich kann der Gegenverkehr nicht mehr fahren. Zurück fährt auch keiner mehr, weil schon zu viele hinter ihm auf Stoßstangenfühlung aufgefahren sind. So steht jeder und nun auch wir.

Als wir endlich rollen, begegnet uns eine kilometerlange Blechlawine. Alle wollen anscheinend nach Darjeeling. In vielen Limousinen sitzen indische Familien, die es sich leisten können, ein paar Tage der Hitze des Tieflandes zu entfliehen. Unten hat es je nach Ort mindestens 30° C, in Colgata (vormals Calcutta) und Dehli eher 40 C.

Wir fahren eine Zeit lang parallel zur Dampfloxstrecke. Die Schmalspurbahn nennt man auch ‚Toy Train' und ist sehr beliebt bei Touristen. Wir hörten den Zug immer einfahren in Darjeeling und die schwarze Dampfwolke

verriet auch wo. Inzwischen kostet die achtstündige Fahrt
zwischen Siliguri und Darjeeling 1350 Rupies (etwa 17
Euro). Wir sind einmal in Nilgiri mit einer Dampflokbahn
gefahren, die allerdings offene Fenster hatte und man
musste die ganze Ladung schwarzen Dampf einatmen.
Bei ‚Batasia Loop‘ macht die Bahn eine ganze Kehre und
umrundet ein Kriegerdenkmal – ein lohnendes Ausflugs-
ziel. Wir kommen durch eine größere und noch eine kleine Ortschaft, dann geht es immer zügiger bergab, während wir weiterhin durch Teefelder fahren. Es wird immer
noch geerntet. Vermutlich wird das ganze Jahr ohne Pause geerntet und zwischen ‚first flush‘ und ‚second flush‘
stehen nur die immensen Größen der Plantagen. Wenn
man auf der einen Seite mit der ‚first flush‘-Ernte fertig
ist, kann man vorne gleich mit dem ‚second flush‘ wei-
termachen.

Unser Fahrer macht einen kurzen Halt. Für uns zu einem
Tee, für den Fahrer für ein Mittagessen, das in Indien
meist sehr schnell geht. In meinem Buch „Lust auf Indi-
en“ widmete ich dieser Beobachtung ein Kapitel. „Fast
food muss in Indien erfunden worden sein“. Wir parken
bei einem riesigen alten Baum, der die Straße als Dach
beschirmt und gegenüber wieder Wurzeln schlägt. Dann
geht es weiter. Affen turnen hier auch herum, also Vor-
sicht mit den Keksen!

Unser Fahrer schraubt sich eine Kehre nach der anderen
nach unten. Es ist ein älterer Mann mit einem guten Fahrzeug, einem Toyota. Er hat von sich behauptet, dass er
Englisch könne. Man nennt so etwas Selbstüberschät-
zung! Seine Kenntnisse sind sehr beschränkt.

Als wir uns Siliguri nähern, weist er Hans an, sobald er es ihm sage, solle er ihn mit dem Handy-Navi zum Hotel lotsen. Hans hatte ihm vor Abfahrt auf der Karte das Hotel gezeigt. Dreimal hat er ihm den Plan auf dem Handy gezeigt. Ja, ja, die Sikidingsbums-Road kenne er. Alles klar. Der Preis war ja schon gestern vereinbart worden: 2000 Rupies. Hans verfolgt die Strecke, die er fährt und bestätigt dem Fahrer die Route. Noch kennt sich unser Fahrer aus. Ja ja, hier links abbiegen. Alles klar. Nun sind wir in der Siki… Road. „Wie weit noch?", will er von Hans wissen „Etwa fünf Kilometer", errechnet Hans. „So far, so far! This is too far! Ich muss ja fünf Kilometer hin und wieder zurückfahren!" Wir wissen schon, auf was das hinausläuft, er will einfach mehr Geld herausschinden. Er wäre ja nicht Inder, wenn ihm nicht irgendetwas eingefallen wäre, um zu guter Letzt plötzlich mehr zu verlangen. Scheinheilig hatte er uns gefragt, ob wir Air Condition wollten. „Nein, nein, es ist angenehm warm hier", versicherten wir ihm, während er sich ständig den Schweiß von der Stirn wischte. Er kommt aber nicht auf die Idee, für sich die AC anzuschalten. Auf der Beifahrerseite hat er am Armaturenbrett ein Schild angebracht, dass AC extra koste. Wieviel extra steht aber nicht darauf. Ich hätte es ohnehin nicht lesen können, da ich hinten links sitze. (Frauen sollen nicht hinter dem Fahrer sitzen). Hans hatte es gleich bei Abfahrt entdeckt. Also wischt und wischt der Fahrer sich immer den Schweiß von der Stirn und wir grinsen uns eins. Aber weiterhin mosert der Fahrer wie ein Mantra: „Wie weit, wie weit? So weit, so weit!" Im stehenden Verkehr ändert sich die Distanz nicht so schnell, so dass wir uns lange Zeit sein Gejammer anhören müssen. Hans wird es zu blöd. Er meint: „Ich mache hier deine Arbeit! Du bist Taxifahrer und musst zusehen, wie du uns zum Zielpunkt bringst!" „Aber, aber, diese Sikki-Road ist ja so lang!" „Ich habe sie nicht so lang gemacht und das ist Siliguri und das hatten wir vereinbart." Anscheinend konnte er keinen Straßenplan lesen und dachte nur, er kenne die Straße, aber dass wir nicht direkt an der Hauptverkehrskreuzung wohnen werden, hatte er wohl nicht in Errwägung gezogen. Sein Gemaule wird umso unerträglicher, je länger sich der Stau hinzieht. „Wir haben dir gesagt, dass wir zum ‚Lemon Tree Hotel' wollen und es dir dreimal auf der Karte gezeigt!", setzen wir zum Schlussplädoyer an. Ich entdecke endlich den Hotelnamen an einer Wand. „Hier vorne, an der Wand!", weise ich ihn an. „Hier steht es!" „Wo, wo?" Nun werde ich sarkastisch. „Can you read on this wall: LEMON TREE HOTEL!", und betone es so, als wäre er ein Analfabet. „Yes, yes!", gibt er klein bei. Hans wollte ihm für das schöne Auto 200 Rupies mehr geben, aber nun reduziert er auf 100 extra wegen Gemaule. Er fotografiert noch das Nummernschild, was den Inder fuchsteufelswild macht. Warum? „Für die Beschwerde!", meint Hans trocken. Das geht nun gar nicht in seinen indischen Kopf hinein. Worüber wollten wir uns denn bloß beschweren?

Eine Nacht in Siliguri

Das Hotel ist eine sehr gute Wahl und es hat sogar eine Lounge auf der Dachterrasse, die wir abends unterm Sternenhimmel nutzen. Endlich einmal bei lauem Lüftchen nachts im Freien sitzen! Wir nehmen nur ein Bier, da wir schon nebenan im Einkaufscenter zu Abend gegessen haben. Dort gab es ein sehr leckeres Chicken Curry mit herrlich fluffigem Naan und sogar frisch gepresste Fruchtsäfte. Ich habe ein derartiges Defizit an frischem Obst! Seit wir Bhutan verlassen haben, gab es kein Obst mehr zum Frühstück und auch keine Straßenbuden mit Säften. Ich durfte nicht mal indisch frühstücken, sondern musste mit Toastbrot vorliebnehmen. Das ganze Jahr esse ich kein Toastbrot und hierzulande wo es Chapatis, Porothas, Naan, Dosas usw. gibt, setzt man – aus Höflichkeit – den Touries Toastbrot vor mit minimalsten Portionen an Butter und Marmelade.

Morgens bekommen wir die größte Auswahl an einem Frühstücksbüffet während dieser ganzen Reise. Dieses Hotel ist wirklich ein Volltreffer! Zwar müssen wir nun nochmal knappe 1500 Rupies für den Airport-Transport zahlen, aber frühmorgens direkt von Darjeeling hinzufahren, hätte zu viel nervenaufreibende Spannung bedeutet. Es kann ja jederzeit eine Verzögerung auftreten und dann hätten wir unserem Flugzeug nachsehen müssen.

Allerdings gibt es Probleme mit der Kreditkartenzahlung. Eine halbe Stunde stehen bereits Hans und Hotelpersonal mehr oder weniger viel Nervosität zeigend und warten, dass der Kontakt über das Gerät funktioniert. An der Karte liegt es nicht, bestätigt der Hotelmensch während das junge Fräulein abwechselnd am Telefon hängt und in das Kartengerät eintippt. Ich werde nun wirklich nervös, da man uns den Transport schon von acht Uhr auf 8.30 Uhr verschoben hat. Wir haben ja den Stau gestern gesehen. Es sind zwar nur 18 km zum Flughafen aber im ‚stop and go‘-Verkehr kann sich das auch hinziehen.

Ich schalte mich nun auch dazwischen, frage nach dem Fahrzeug und nerve ein wenig. Das habe ich gelernt, das muss man in Indien machen, sonst passiert nichts. Nervig werden oder Trinkgeld geben – sonst läuft gar nichts. Es wirkt. Das Fahrzeug kommt und Hans kann plötzlich auf offline-Modus mit Kreditkarte bezahlen, was vorher unmöglich war. Stattdessen hätte Hans mit dem Hotelmitarbeiter zum Geldautomaten gehen sollen. „Wir müssen zum Airport!“, quengelte ich immer wieder dazwischen.

Der Fahrer lädt schon unser Gepäck ein und die Fahrt geht zügig dahin, so dass wir bereits um neun Uhr am Bagdogra Airport sind.

Beim Anstehen für den Check-in, fällt mir wieder Indiens Devise auf: Kampf um jeden Zentimeter. Von hinten drückt man gegen unseren Rucksack. Vorne schiebt sich eine Familie schnell seitwärts hinein vor den Abfertigungsschalter. „Hier ist die Schlange!“, moniere ich. Nein, wir gehören alle zusammen, meint der Mann, der sich als Platzhalter für alle angestellt hatte. Als wir endlich an der Reihe sind und einen Koffer aufs Band gelegt haben, kommt ein Inder und möchte gleich seinen darauflegen und platziert schon mal seine Papiere am Counter. Ohne uns! Wir schieben ihn zur Seite, seine Papiere auch und laden den zweiten Koffer aufs Band. Bei IndiGo mussten wir Gepäckkilos zubuchen, da nur 15 kg enthalten sind. Beim internationalen Weiterflug hätten wir dann 30 kg frei, was wir nicht nützen. Jetzt komme ich mit 19,7 kg und Hans mit 23 kg noch gut weg. Wir hatten je 5 kg schon vorab zugebucht. Die Schalterdame erwähnt nichts von Extrakosten. Von der Kreditkarte wird dann später der Preis für zwei Kilos abgebucht. Erwähnenswert fand die Schalterdame das aber nicht.

Die Securityschlange ist in männlich und weiblich aufgeteilt. Ich bin die erste Frau vor der Absperrung, während bei den Männern Hochbetrieb herrscht. Allmählich kommen noch ein paar Frauen, auch die, die sich am Schalter vor uns hineingedrängt hat. Jetzt lächelt sie mich verlegen an, da sie hinter mir steht. Der uniformierte Security-Mann deutete mir, hinter der Absperrung zu warten. Eine Frau, fünf Personen hinter mir, drängt mich, doch weiter zu gehen. Ich deute nur auf die amtliche Person. Ein Mann, der das beobachtet hat, grinst mir verschwörerisch zu.

Ich bin schon längst durch, vollkommen problemlos und warte Ewigkeiten auf Hans. Man hat trotz der männlichen Überzahl keineswegs mehr Abfertigungschalter für Männer. Es gibt einen für Frauen und einen für Männer. Zum Glück sind wir frühzeitig hier und können entspannt auf den Abflug warten. Jede zweite Maschine startet nach Dehli und jede dritte nach Colgata. Diesen Millionenmolochen muss Rechnung getragen werden!

Mumbai

Wir kommen nach knapp drei Stunden Flug in Mumbai an. Viel früher als erwartet! Wir sind auch überpünktlich abgeflogen. Hier hat es 38° C im Schatten! Wir nehmen nicht die Prepaid-Taxis im Flughafengebäude, da hier zu viele Leute anstehen, sondern hoffen, dass es draußen auch Taxis gibt. Siehe da: Draußen gibt es auch ‚Prepaid‘ mit oder ohne Kühlung. Wir nehmen ein ‚cool cab‘ und das kostet nur 270 Rupies. Das Fahrzeug ist klein und uralt. Der Fahrer meint als erstes, als er unsere zwei Koffer sieht: „Loading charge!“ Erst mal loaden, bitte. Ich stehe da und beobachte, wie er wohl damit umgeht. Hans meint, wir hätten für alles bezahlt. Ich stehe neben meinem Koffer und warte auf Aktion seitens des Taxifahrers. Schließlich weiß ich ja nicht, wie er das Gepäck zu transportieren gedenkt. Hans fasst mit an – ein Koffer findet auf dem Rücksitz Platz und der andere? Ich deute auf den Kofferraum- Der offensichtlich bekiffte Fahrer öffnet ihn und deutet triumphierend auf eine Gasflasche. Mehr hat nicht Platz. Auf das Dach! Eine Reling ist vorgesehen, aber Handarbeit nicht. Er deutet mir, das Ding hinaufzuhieven. Hans packt mit an. Immerhin hat der Fahrer sich bemüßigt gefühlt, auch mit anzufassen. Festgezurrt wird der Koffer nicht. Er lacht, wenn er über Bodenwellen fährt und wenn die Straße einmal frei ist, fängt er wie verrückt zu singen an und nimmt die Hände vom Steuer. ‚Fast, fast!‘- schnell, schnell! Das ist schon fast sein ganzer Wortschatz – außer natürlich ‚loading charge‘, an die er immer wieder einmal erinnert. Mit mir spricht er nicht. Erst als ich ihn lobe, wie ‚smart‘ er sei, eine Abkürzung zu wissen, dreht er sich zu mir um und wiederholt stumpfsinnig. „Very smart“. Ob das seine Frau sei, fragt er Hans. „Very handsome!“ Oha, sein Wortschatz erweitert sich! Ich scherze mit ihm, dass doch mein Husband die ‚loading charge‘ bekommen müsse, schließlich habe er ja gearbeitet. Fifty/fifty entgegnet er darauf. Mit Hans‘ Hilfe dank Handy-GPS gelangen wir zum Hotel Royal Garden und mit dem Abladen gibt sich unser Mustertaxler gar nicht erst ab – nachdem er 50 Rupies extra bekommen hat.

Wir hatten nach langem Zögern das Hotel am Juhu-Beach gebucht, in dem wir vor acht Jahren schon einmal waren. Allerdings ist es nicht mehr wiederzuerkennen und sehr modern und hübsch gestaltet worden.

Es gibt noch ein kleines Problem. Wir hatten ein ruhiges Zimmer gebucht und unseres liegt im vierten Stock zur Hauptstraße. Die Straße sei nicht das Problem, aber es gebe hier täglich Musik und da seien wir zwei Stockwerke weiter entfernt. Leider gibt es noch ein Problem: das viel zu weiche Bett. Wir diskutieren mit der Rezeptionistin. „Wir haben leider keine anderen Matratzen!“, behauptet sie – solange, bis wir in einem Zimmer, das gerade gereinigt wird, einen kleinen Test machen. Aha, das ist eine gute Matratze. Wieder werden wir bei der Rezeptionistin vorstellig. Was können wir tun? Inzwischen glauben wir ihr ja, dass der Verkehrslärm nicht das Problem ist, vielleicht noch der Fluglärm, weil wir genau unter der Einflugschneise liegen. Wir bekommen ein Zimmer mit guter Matratze im fünften Stock! Geht doch! Der Ausblick aufs Meer ist genauso gut und wir sind einen Stock weiter von der Restaurantmusik entfernt. Wie wenig uns das hilft, werden wir aber in der Nacht merken! Bis jetzt ist alles bestens. Das Zimmer ist zwar nicht groß, aber sehr geschmackvoll eingerichtet und hat alles, was man braucht. Sogar einen Haarföhn bekomme ich auf Nachfrage.

Das steht unserem Spaziergang zum Strand nichts mehr im Wege. Man muss durch die Bettlergasse, in der einem viele, auch noch kleine Kinder anbetteln. Ältere Frauen liegen am Gassenrand und schlafen.

Am Juhu-Strand ist die Hölle los. Es ist genauso viel los wie beim letzten Aufenthalt. Massen von Menschen stehen am Strand herum, andere sitzen als Grüppchen ohne jeglichen Sonnenschutz im Sand. Kinder spielen Kricket und wir scheinen ein begehrtes Zielobjekt zu sein. Gut, dass ich so reaktionsschnell bin, sonst hätte ich einen saftigen blauen Fleck oder gar ein ausgeschossenes Auge. In Richtung der Foodstall wird das Menschengedränge noch dichter. Auch hier gilt: Kampf um jeden Zentimeter. Man steht so nah wie möglich beim Nachbarn, beim Vordermann, beim Hintermann. Manche stehen im seichten Wasser, Aquajets versuchen immer so elegant wie möglich über die Strandbrecher zu schießen. Kinder gehen ganz hinein zum Baden – mich würde es ekeln. Hier drinnen schwimmt, trotz des großen Reinigungsaufwandes mit Planierraupen und Schlepprechen, jede Menge Müll.

Die 'Foodstalls' sind auch noch genauso wie uns bekannt. Kaum setzt man seinen Fuß auf die Zugangsstufen, bekommt man von allen Seiten Speisekarten unter die Nase gehalten und wird mit Aufzählung der Leckereien überschwemmt. Manches sieht wirklich einladend aus wie kleine Kartoffelpuffer, Gemüsegerichte in Soße und sogar meine geliebten, aber bis jetzt noch nicht erhaltenen

‚Dosas‘ gibt es. Wenn ich jetzt esse, brauchen wir heute nirgendwo mehr hingehen. Was aber machen wir den Rest des Tages, wenn wir nicht das nette Großmutter-Lokal neben unserem Hotel aufsuchen? Hier in den stickigen 'Foodstalls' ist es uns zu heiß. Es ist hier drinnen noch heißer als am Strand, wo eine leichte Brise es erträglicher macht.

Wir kehren zurück und müssen nochmals durch die Bettlergasse. Ein etwas sechsjähriger Knirps versucht Hans die Wasserflasche aus der Hand zu reißen, obwohl es vorne bei den 'Foodstalls' Gratis-Trinkwasser aus Hähnen gibt, an denen viele Leute ihre Flaschen auffüllen. Hans packt den kleinen Gauner und deutet einen Würgegriff an. Das verschafft uns so viel Luft, um diese diebische Gasse zu verlassen.

Wir essen im italienisch angehauchten Restaurant ‚Grandmother’s*, das der Treffpunkt der indischen Schickimicki-Jugend zu sein scheint. Besonders billig ist es hier nicht, aber das macht nichts für die Söhne und Töchter mit Apple-Handy und Kreditkarten vom Papa. Die Frauen vom Strand in ihren bunten Saris wird man hier drinnen vergeblich suchen. Gestern entdeckten wir im Einkaufscenter schon einen ‚Levis Shop‘ und einen für Samsonite Koffer. Die Mädchen der besseren Gesellschaft tragen zunehmend hautenge Jeans statt Chaballah oder Sari.

Überraschend für uns ist, dass es kein Bier gibt, obwohl es auf der Karte steht. ‚Dry days*, nennt man die drei Tage Samstag, Sonntag, Montag während der Wahl. „Wir wählen aber nicht und sind doch Ausländer!“, argumentieren wir. Keine Chance, man bleibt indisch strikt. Vorschrift ist Vorschrift. An der Hotelrezeption sieht man auch keine Möglichkeit für eine Ausnahme. Wo wir doch Bayern sind und Bier zu den Lebensmitteln gezählt wird!

Wir ziehen uns aufs Zimmer zurück in dem es schön ruhig ist, trotz Straßenverkehr und Fluglärm. Bis 21 Uhr – so lange also bis die hauseigene Disco ihre Regler aufdreht. Die Bässe lassen sich nicht mit Ohrstöpsel wegdimmen und auch nicht mit Schlaftabletten einlullen. Mein Herz und meine Eingeweide mögen dieses Gehämmere gar nicht.

Hans kann das nicht mit ansehen – schließlich möchte er mich lebend mit nach Hause bringen. Er zieht sich an und sucht die Lärmquelle. Den Disc Jockey schreit er gegen den Höllenlärm an bis er heiser ist, er müsse leiser drehen, seine Frau bekäme einen Herzinfarkt auf dem Zimmer und er sei schuld! Er dreht tatsächlich zurück. Aber an Schlaf ist erst zu denken, nachdem gegen ein Uhr morgens das Musik-Disco-Restaurant schließt. Zum Glück können wir morgen ausschlafen und das lässt man uns sogar bis sieben Uhr früh.

Es war ein Fehler, zwei Nächte in Mumbai zu bleiben. Wir hätten gerade so gut nur eine Nacht bleiben und am Flughafen übernachten können. Immer vorausgesetzt unser Flug von Bagdogra klappte planmäßig. Vorletzte Woche ging das Konkurrenzunternehmen Jet Airways, bei der wir um ein Haar gebucht hätten, bankrott. Wir trafen in Darjeeling Leute, die betroffen waren. Ihr Flug wurde storniert und sie mussten ein neues Ticket bei einer anderen Airline buchen. Deshalb war auch die indische

Familie in Gangtok derart aufgebracht. Wenn so etwas passiert, wäre man froh, man hätte noch einen Tag mehr Spielraum zum Umbuchen. Nun haben wir Spielraum, den Tag in Mumbai totzuschlagen, denn an Sightseeing ist bei 38° C im Schatten nicht zu denken. ‚Elephant Island‘ ist auch viel zu weit entfernt, als dass wir uns mit dem Taxi dorthin chauffieren lassen wollten. Also sind zwei Nächte eine zu viel. Die nächste ist zwar kurz, denn wir müssen um 3.30 Uhr aufstehen, aber wir wollen auf gar keinen Fall riskieren, nur von ein bis drei Uhr morgens schlafen zu können, weil man eine Herde Nashörner auf unser Nervensystem loslässt. Es fühlte sich so an, als würden Riesentiere über mich hinweg galoppieren. Hans hat dieser, sogar für uns Reiseerprobten, ungewöhnlichen Situation Rechnung getragen und noch in der Nacht ein Luxushotel direkt am Airport für uns gebucht. So werden wir also für die zweite Nacht umziehen. Das muss nur noch die Rezeptionistin erfahren!

Sie ist betroffen darüber oder tut so, dass es so schlimm war. Wir hoffen, dass wir die schon bezahlte Nacht rückerstattet bekommen. Wir mussten, was außergewöhnlich war, gleich beim Einchecken bezahlen. Jetzt wissen wir auch warum.

Wir ziehen um zum ‚Mariott-Hotel‘. Das ist eine Luxusbleibe! Hier setzt man auch auf Sicherheit. Erst wird das Taxi durchsucht, zumindest muss der Fahrer Kühlerhaube und Kofferraum öffnen. Drinnen wird unser Gepäck gescannt wie am Flughafen. Sogar mein kitzekleines Täschchen wird geröntgt. Wer weiß, vielleicht könnte man auch hier drin eine Bombe verstecken?? Der schlimme Anschlag im ‚Taj Mahal Hotel‘ ist schon viele

Jahre her, aber so etwas soll sich nicht wiederholen. Personen wurden auch schon in anderen Unterkünften geröntgt.

Außergewöhnlich ist der Service hier. Gleich beim Einchecken oder beim Warten darauf, kümmert sich eine Hostess darum, dass man den schnellsten Schalter erwischt. Dann entschuldigt sich der nette Herr für die (minimale) Wartezeit. Wir bekämen auch gleich einen Ausweis für Mariott-Stammkunden und damit ein hochwertigeres Zimmer für denselben Preis. Der ist aber ohnehin exorbitant. Bei der Aufzählung der Restaurants im Hause vergisst man leider darauf hinzuweisen, dass es heute am Sonntag ein Frühstücksbüffet gäbe. Es war gerade abgebaut worden, als wir um etwa 15.30 Uhr etwas Essbares im Hotel suchen. Wir wären rechtzeitig im Hause gewesen, um dieses Angebot nutzen zu können. Ich bin ein Fan von Büffets! Stattdessen essen wir ‚a la carte‘ und das ‚Chicken Curry‘ schmeckt ausgezeichnet.

Unser Zimmer im 11. Stock ist modern und elegant eingerichtet und so perfekt schallisoliert, dass wir wirklich kein Flugzeug hören. Die raumhohen Milchglasscheiben, die das riesige Bad abgrenzen und sich zum Zimmer hin öffnen lassen, ermöglichen ein Gefühl von Weite und Raum beim Entspannen in der Badewanne. Die Dusche hat zusätzlich eine enorme Deckenbrause, was ich aber erst bemerke, als meine Haare ungewollt patschnass werden.

Zu Fuß erkunden wir den Weg zum Flughafen, damit wir heute Nacht mit Gepäck nicht lange umherirren müssen. Tatsächlich braucht man zu Fuß weniger Zeit als mit einem Taxi, das viele Umwege über Schnellstraßen fahren muss.

Auf der Straße außerhalb des Hotelareals warten Rikschas und bieten an, uns für 20 Rupies zum ‚Market‘ zu fahren. Ich kenne diese Tricks von Thailand. Dort wird man so lange von einer Fabrik zur anderen gefahren, bis man endlich etwas (total überteuert) kauft, wofür der Fahrer eine Provision bekommt. Man kann nur entkommen, wenn man sehr geschickt und unbemerkt in ein anderes Gefährt springt und dafür dann den normalen oder auch überhöhten Preis zahlt. „Markt“ zieht anscheinend immer bei Touristen und am Flughafen ist die Chance groß, dass jemand schnell noch ein typisches Souvenir ergattern will.

Auch vor dem Flughafen in einigen kleinen Restaurants gibt es kein Bier. „Dry days!“ Ich kann es schon nicht mehr hören! Wenn es um Eintrittsgelder geht, macht man sehr wohl Unterschiede zwischen ‚Foreigners‘ und Einheimischen. Wir Ausländer bekommen eine Sonderbehandlung und dürfen meist mindestens das Zehnfache bezahlen. Beim Alkoholausschank macht man keinen Unterschied, sondern behandelt uns wie Inder! Auch im Internationalen Luxushotel gibt es weder eine geöffnete Hotelbar noch eine Minibar auf dem Zimmer. Tatsächlich hat man den Kühlschrank abgesperrt und lässt uns nicht einmal zu Cola und Co. Auch können wir selbst nicht einmal ein Wasser kühlen! Immerhin berechnet man uns die zwei Dosen Cola vom Zimmerservice nicht. Als Hans beim Bezahlen gefragt wird: „Hatten Sie etwas von der Minibar?“, grinst mein Ehemann nur und schüttelt vielsagend den Kopf. Da fiel es dem Rezeptionisten auch ein, dass das im wahrsten Sinne des Wortes ausgeschlossen ist.

Es hat 39° C im Schatten und da verzichtet man sehr schnell auf größere Fußmärsche. Deshalb sehen wir uns gleich bei Rückkehr den herrlichen Wellnessbereich mit einem großen Freiluft-Swimmingpool an, über den unser Hotel verfügt. Er wird hauptsächlich von indischen Kindern bevölkert, die endlos Ballspielen. Das hält mich davon ab, hinauf aufs Zimmer zu gehen und mir meinen Badeanzug zu holen. Das bleibt nun also das einzige Kleidungsstück, das auf der Reise vollkommen ungenutzt im Koffer mitgereist ist.

Wir genießen unser edles Zimmer und ich nutze für meinen Reisebericht den Komfort eines Schreibtisches. Wir gehen früh schlafen, da die Nacht um drei Uhr zu Ende sein wird. Wir marschieren mit unseren Rollkoffern in die schwülheiße Nacht hinaus. Bei 29° C und einer gefühlten Luftfeuchtigkeit von 100 % komme ich klatschnass am Schalter an. Die Zeit reicht noch für ein Frühstück. Die Auswahl ist groß und so kann ich nun endlich die leckeren ‚Dosas‘ essen. Hauchdünne Pfannkuchen aus Kichererbsenmehl mit scharfer Masala-Soße. In Siliguri ließ ich mir die bisher ebenfalls vermissten Idlis (kleine Reisküchlein) schmecken, was die Küchenchefs sehr erfreute. Schließlich gab es ja auch die größte Auswahl an westlichen Frühstückszutaten.

Für das Erstehen von einer hübschen Paschmina als Geschenk für Hans' hilfreiche Schwester wird die Zeit dann tatsächlich knapp. Es gibt zu viele zu schöne Muster und Farben. Wer die Wahl hat, hat die Qual. Wir haben noch Geld übrig und so kaufe ich mir selbst auch noch ein ebenso nützliches wie wunderschönes Teil.

Wir können boarden, streng nach Sitzreihen. Das ist erfreulich, aber für Indien überraschend. Unser Sitzplatz ist gut gewählt, denn wir haben die ersten Zweiersitze hinter den Dreierreihen und dadurch mehr Platz. (Er kostete auch einen Aufpreis). Wir fliegen alles bei Tage und man bittet die Passagiere, die Fensterrollos zu schließen. In Istanbul müssen wir umsteigen und hoffen, dass man über dem inzwischen eröffneten neuen Flughafen nicht auch Extraschleifen fliegen muss wie beim Herflug, als es zeitlich äußerst knapp wurde.

Nun haben wir etwa zweieinhalb Stunden Zeit. Einen Teil davon brauchen wir für die Gepäckkontrolle. Obwohl wir Transit sind, wird unser Gepäck genauestens kontrolliert und durchleuchtet. Der neue Flughafen ist sehr modern, chic und großzügig. Viele Kosmetiksupermärkte erfreuen wahrscheinlich die meisten meiner Geschlechtsgenossinnen. Ich dagegen bediene mich nicht im Hochpreissegment.

Auch der Zwischenaufenthalt geht vorbei und wir fliegen weiter – immer bei Tageslicht. Von Istanbul nach Malaga sind es immerhin noch fast fünf Stunden. Wir überqueren schließlich die volle Länge des Mittelmeeres. Ich kann sogar sehr genau auf Menorca sehen und denke an meine Yogakameradin, die sich hier gerade im Hotel abschuftet.

Unser Auto erwartet uns am Parkplatz in Malaga. Bezahlt hatten wir schon vor Abflug. Eine Stunde später schließen wir unser Casa auf. Willkommen zu Hause (im zweiten Zuhause). In unsere Erstheimat geht es dann in zwei Wochen, wo uns ein grüner und blühender Bayerwaldfrühling erwartet.

Von Sylvia Deuse sind bisher erschienen:

Mit dem Fahrrad auf dem Jakobsweg,
die Küstenroute nach Santiago de Compostela
ISBN 978-1973594628
150 Seiten,
als Softcover € 8,99

Jakobsweg auf der Via de la Plata
Von Sevilla nach Santiago de Compostela
ISBN 978-1976741722
ca. 150 Seiten
Zahlreiche Abbildungen
als Softcover € 8,99

**Reise nach außen –
Reise nach innen**
Stationen einer Reise zum Selbst
erschienen bei edition nove
ISBN 978-3-85251-354-6 € 18,50
206 Seiten, zahlreiche Abbildungen

Lust auf Indien,
Indien für Anfänger
erschienen im Wiesenburg Verlag
ISBN 978-3-942063-84-5
€ 19,80 gebunden, 210 Seiten,
zahlreiche Farbbilder
Softcover s/w € 8,99

Lust auf Mittelamerika,
Auf eigene Faust durch Costa Rica
und Panama
erschienen im Wiesenburg Verlag
ISBN 978-3-939518-89-1
€ 18,80 gebunden, 182 Seiten,
zahlreiche Farbbilder
Softcover € 8,99

Das andere Thailand,
Auf eigene Faust durch
Thailand und Laos
erschienen im Wiesenburg Verlag
ISBN 978-3-940756-65-7
€ 19,80 gebunden, 170 Seiten,
zahlreiche Farbbilder
Softcover s/w € 8,99

**Den Süden Afrikas selbst
entdecken**

Abenteuer im Busch und mehr
ISBN 9798849424767
250 Seiten,
zahlreiche Abbildungen
Softcover € 9,99

**Eine wahnsinnig nette Ver-
mieterin**

Roman

138 Seiten

ISBN 9781980484264

Taschenbuch € 7,99

Mehr Informationen über die Autorin

finden Sie unter: www.maripossa-mental.de